大和の歴史と伝説を訪ねて

丸山顕徳 編

目　次

Ⅱ　大和平野の東方を歩く――天理市・桜井市・宇陀市――

白拍子舞（大和高田市）

はじめに

大和平野は、美しい山々に囲まれたところであり、この山々から幾多の川が流れて、そのほとんどは大和川に集まっている。この大和川は、生駒山脈・金剛山地の谷合いを抜け大阪府にはいり、西方の大阪湾に流れ込む。この大和川は、江戸時代一七〇四年（宝永元年）二月から十月にスピード工事で付け替えられたが、それ以前は北方の淀川に流れていた。

大和平野の南部、御所市や明日香村の南の山々を越えると、五條市、大淀町、下市町、吉野町である。ここを吉野川が流れている。この吉野川分水が、大和平野の南部の人々の水源となったのは、昭和三十年代に入ってからである。吉野川は和歌山県に入って紀の川となり、紀北の人々の生活を豊かにしている。この南北の大きな川がこの地方の人々の生活を潤している。

また、大和地方は、地理的条件のみならず気象条件にも恵まれており比較的災害は少なく、山手の扇状地は、美しい水による米の生産性は高い。近畿を襲う台風は、大和平野を避けることが多く、ほとんど震災がない。奈良時代以前の主都が、大和平野の中南部におかれたのは、このような比較的安定した自然の条件下であったからだと思われる。

この地方の古い農村部の集落に入ると、歴史を積み重ねた門構えの屋敷が並んでいる。都市部でも道路に面したところに、大きな構えの商家の家並があり、中世から続く環濠集落が営まれている。そんな中に、古い時代から続く神社や寺院がある。『大和の歴史と伝説を訪ねて』は、この歴史と文化の中で育まれた中南和を探訪するもので、北和を中心にした『奈良伝説探訪』の続編である。

ここでいう伝説とは、広い意味での伝承文化全般をさし、自然伝承、歴史伝承、信仰伝承、神話伝承、技術伝承、文化伝承、芸能伝承、世間話、都市伝承など、幅広くとらえている。時代は変わっても「今は昔」つまり「今＝昔」であるが、今も昔も人の心は変わらないという趣旨であり、本書は、伝承された貴重な文化を今に紹介することを目的としている。執筆者の、それぞれ専門的な立場から、文化の背景を捉え本質に迫るという試みである。

「歴史はすべて伝承だ」と言った方があり、印象的な言葉である。歴史の中の表現には、取捨選択が働いている。また、心の中に記憶したことを言語化し表現する中にも、多くの情報から取捨選択が働き、記憶している。その選択の結果が歴史的表現である。従って、「歴史はすべて伝承だ」といった方の発言も、その趣旨は考えねばならない。伝承されたことの中に真実性があるというのは理由がある。これが伝説探訪の趣旨である。（編者）

Ⅰ　大和平野の中南部を歩く

――田原本町・橿原市・明日香村・高取町――

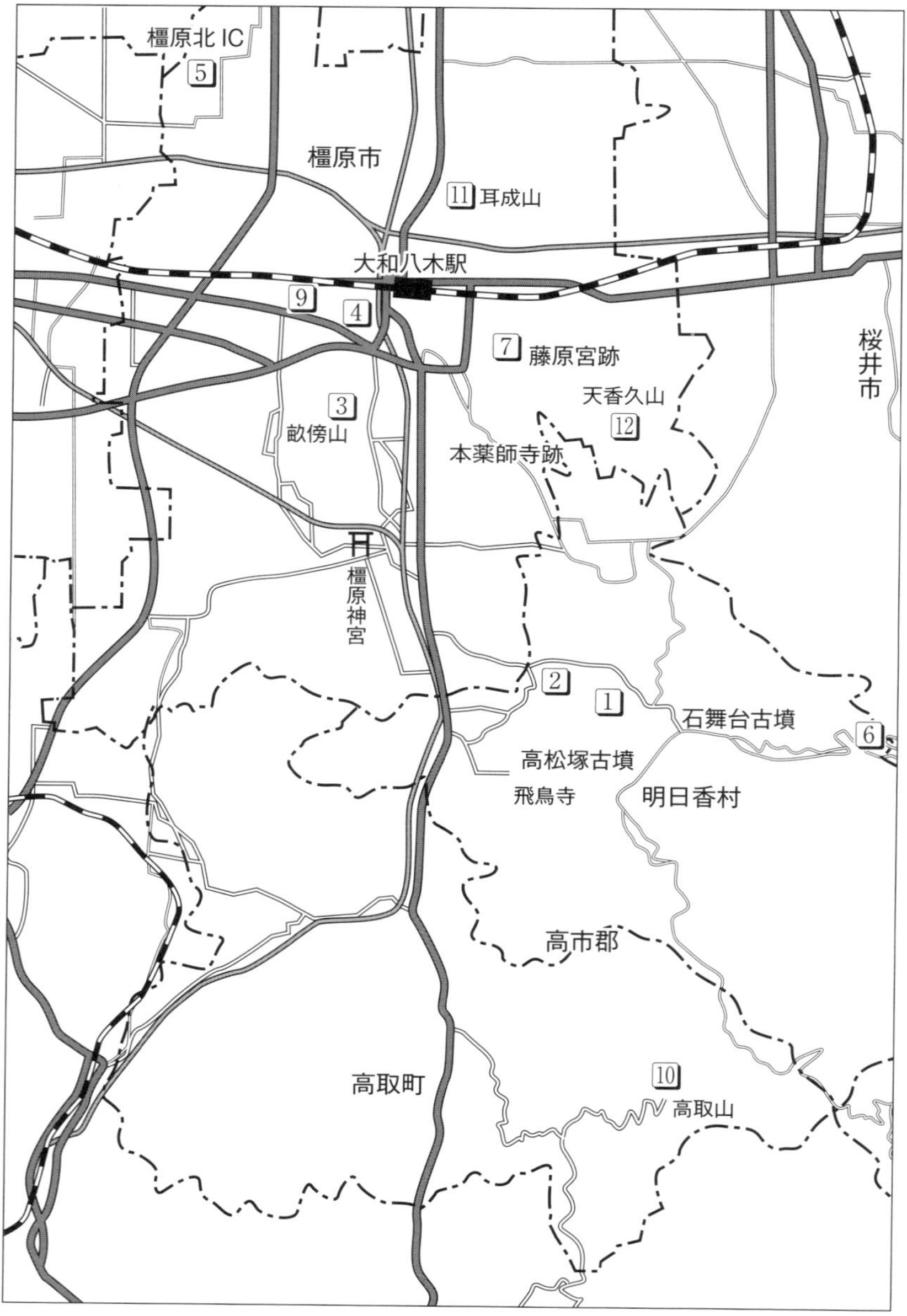
橿原北IC
5
橿原市
11 耳成山
大和八木駅
9
4
7 藤原宮跡
桜井市
3
畝傍山
天香久山
12
本薬師寺跡
橿原神宮
2
1
石舞台古墳
6
高松塚古墳
飛鳥寺
明日香村
高市郡
10
高取山
高取町

橘寺の二面石

1 橘寺の二面石　明日香村橘

明日香には、二人の人間の背中や側面がくっ付いた石人があり、このレプリカが飛鳥資料館の庭に集められ展示されている。また、橘寺には二面石がある。これらには伝説は伝わっていないが、背中のくっ付いた二人の人間の伝説は、各地に伝わっている。これを紹介することにしたい。

『日本書紀』仁徳天皇六十五年の条に、飛騨国に宿宥儺という怪物がおり、胴体は一つで二つの顔をもち、顔は互いに反対の方向を向いていた。この類話は今も伝えられている。

『真室川の昔話』

大昔、ある村に爺と婆がいた。それは背中合わせだった。爺は婆に言った。「婆、婆、こうして二人でいるけれども、俺はお前の顔をまだ見たことがない。お前だって俺の顔を見たことがないだろう。不幸だな」。妻もまた「あなたの刈った豆を私が後ろから束ねてゆくが、私もまた、あなたの顔を見たことが無い。不幸だな」と嘆いた。このように、二人がくっついているため困っているので、神様が哀れんで、年越しの夜に稲妻になって、ズカと光って、二人を割って別々にしてくれた。これから二人は夫婦の営みをしたので、それから子どもが出来、孫が出来、家がつづいていったという。

（野村敬子編『真室川の昔話』）

◇伝説探訪◇

この二面石は、背中がくっ付いていることに特色がある。この神話や伝説で古くから知られたものに、ギリシア人のプラトンの『饗宴』十四に似た話がある。

その昔、人間本来の姿は今日みられるようなものではなく、それと異なったものであった。すなわち、まず第一に人間の種類は三種だった。今日、男と女の二種類とは違って、第三のものがさらに加わっていたのである。この第三のものは、男女両性を合わせ持つもので、その名前は現在載っているが、そのもの自体はすでに消滅してしまっている。つまりその当時は男女（アンドロギュノス）というのが一種をなしていて、容姿名前とも男女両方からできていてそれらを合わせ持つものであったが、今日残っているのはただの悪口の中に使われている名前の方だけである。第二に、これら三種の人間の容姿はすべて、全体としては球形で、周りはぐるりと背中と横腹でできていた。また手を四本、足も、手と同じ数だけ持ち、二つの顔を丸い首の上に持っていたが、この二つはすべての点で同じようにできていった。ところで頭を一つ、互いに反対方向についている二つの顔の上に戴き、また、耳は四つで、隠し所には二つ、その他すべていま述べたことから想像されたであろうようなぐあいになっていた。

（プラトン『饗宴』鈴木照雄訳『プラトン全集5』岩波書店）

そこで本来の姿が二つに断ち切られたので、昔それぞれ自分の半身を求めて一緒になった。そして互いに相手を抱きまつわり合って一心同体になろうと熱望した。しかし、お互いから離れて何一つしようという気が無く、生活に必要なことを何もしないでいるために飢え死んでいった。そして半身が死に他方が残されると、残された者はまた別の者を探しまわりついた。そこでゼウスは憐れに思って、もう一つ案を考え出し、彼らの隠し所を前に移した。そんなわけで、このような大昔から、相互への恋は人々のうちに植え付けられているのであって、それは人間を昔の本然の姿へと結合するであり、二つの半身を一体にして人間本来の姿を癒し回復させようと企てるものである。そして、このように背中同士がくっついている男女が、神によって切り離され、その両者が再び結合を求めあって結合するという愛の起源の話である。また、M・エリアーデは、ベレシト・ラッパの「アダムとイヴは背中合わせで、肩は引っ付いていた。そこで神様は、斧の一撃で彼らを切断した」「悪魔と両性具有」という

石人像（飛鳥資料館）

話を紹介している。

ペルシャ神話の『ブンダヒシュン』（ガヨーマルトの伝承の項目）には、次のような話がある。

原人を意味するガヨーマルトは、死ぬときにもたらした精液が、母親のスペンダルマトの胎内に入り、その結果、四十年後に大地から十五枚の葉を持つ植物が生える。その姿は、二人の腕は二人の肩の後ろにおかれ、一方はもう片方に結びつき、それらは互いにつながっていて、どっちらもよく似ていた。そして両方の腰は寄せ合され、どちらが男性でどちらが女性か、はっきりしないほど、つながっていた。そして二人とも植物の形から人間への形へと変化した。

（『ブンダヒシュン』『東洋の聖典』第五巻）

これと同類の話は、中国の『神異経』（東南大荒）にもある、陰部を露出して背中合わせに立っている巨人の撲父夫婦に神話である。

このように広く、背中のくっ付いた男女の神話を見ていくと、類似の神話は広くユーラシアに分布し、日本ではこれが二面石に残されたものであることが分かる。つまり人類の起源神話と推測できるのである。これが、日本書紀のみならず、東北に民話として伝承されたのである。

では日本の神話にはこの伝承が残されていないのであろうか。私は、記紀神話のイザナギとイザナミの神話が、これにあたると考えている。背中のくっ付いた神々は、もともと一体であったが、神の力などで分離し、男女となる。そして二人は再び結ばれるという話のストーリーとなっている。イザナギとイザナミは、もともとは青橿城根尊の御子として生まれた兄妹であった。従って二人の婚姻は、兄妹結婚であった。人類のはじまりは、兄妹から出発するのであるから、近親結婚は致し方の無いことであった。しかし、兄妹結婚は必ずしも許されたことではないので、神にお伺いを立てたのである。そうして、兄妹は、分離し、再結合という道筋をたどったのである。記紀神話ではこのことは説明されず、不明であるが、沖縄の神話ではそのあたりの事情が明確に伝承されている。これが沖縄の神話伝承の古さであり、根源的な神話の本質を伝えているのである。

沖縄県八重山郡竹富町

昔々大昔、アマミコという女神が天降りして、マリッ、ソコッという二人の人間を産んだ。二人は裸で穴の中に住んでいたが、ヤドカリが阿旦の茎や実を食べた。それが人間の食べ始めである。マリッとソコッは成長して十二歳になった。ある日のこと、アマミコ親神が天降りして、二人の縁ということを教えた。女であるマリッには「足りなきところありて、足りさせよ」、男のソコッには「余るところありて、捨てさせよ」と言った。二人は円池の端で腰を合せて、池の周りを廻った。こうして二人が出会って初めて、男の余を女に足りさせたのが、人間の愛の起こりであった。そのためにこれを人間の発祥と考えて、それから栄えたのが琉球人であった。その古代の初めをアダン、そして父をアチャー、母をアンマーと言うようになったという。アマンユーの人間が食べ始めたのが、阿旦の茎や実であったので、お盆祭りや焼香には、必ず阿旦の茎の料理を供える。なお、竹富島の古代からの神前用の供物として、海山野の草葉を味噌和えにして、高膳の九つの皿に入れて供える習慣が現在まで行われている。

（上勢頭享『竹富島誌』法政大学出版局）

これに類似した伝承話は、石垣島にも伝承されている。ここでは太陽神がアマン神を呼んで島を作らせたことから始まる。比較的類話の多い話である。また、沖縄本島の読谷村や、さらに北の伊江島にも、家の周りを廻る兄妹の話が伝承されている。男女が腰をくっつけて反対方向に回るのはすべて同じである。世界の伝承と比較すれば、もともとくっ付いていたものが分離して、再度、結合するという伝承意識が見られるのである。因みに、読谷の事例を紹介する。昭和五十年代の初期に採集したものであるが、今は、ここでは忘れ去られたものである。

沖縄県中頭郡読谷村喜名

ウナイ、イキー（姉弟）が（地上に）降りていらした。ウナイ、イキーが降りてきたところに岩があった。ここに降りて、二人は、貴女はあそこから廻りなさい。ここから廻りなさいと言う事で、ちょうどこの岩をそのように廻った。そうしたら、もう他人になったわけだ。ここにウナイとイキーは、このようにあったら、ちょうど他人になって、沖縄にはウナイとイキーの子や孫が生まれ、広まったという事である。（採集、丸山）

このように、類似の伝承比較によって、二面石の基層となる文化の伝播と変容した姿が明らかになる。これは伝承話の極めて珍しい事例である。ただ私は文化が一方的に伝播したという考え方をとる立場ではない。なぜなら文化接触によって相互に文化が影響し合い、お互いが変化すると考えるからである。そこは十分注意して見ていかねばならない。この話の構成は、結合と分離と再結合であり、その神話的な思考が文化の底に流れているようであるが、全てに応用できるとは考えてはいない。二面石は、その結合の初めのモチーフが固定化されて表現されたものと考えるのである。

（丸山顕徳）

◇伝説地情報◇

橘寺へのアクセス
近鉄橿原神宮前駅から岡寺前行バス10分　川原または岡橋本バス停下車　徒歩5～8分

奈良文化財研究所飛鳥資料館へのアクセス

1　近鉄橿原神宮前駅／飛鳥駅から。かめバス（周遊）「飛鳥資料館前」バス停下車
2　近鉄／ＪＲの桜井駅から。奈良交通バス　石舞台行「飛鳥資料館前」バス停下車
3　近鉄／大和八木駅から。橿原市コミュニティバス「飛鳥資料館」バス停下車

2 明日香の亀石と亀形石造物　明日香村

昔、大和の国中《くんなか》が湖水であったころ、湖の対岸当麻と川原との間に、喧嘩が起こった。当麻の主は蛇、川原の主は鯰であった。ところが、この喧嘩は、ついに川原の敗北となり、とうとう、湖の水を当麻の方へ取られてしまった。ために湖底は平地とかわり、湖に住んでいた無数の亀は、みんな死滅してしまった。何年かたって、村人は、この死滅したあわれな亀の霊をなぐさめるため、亀の形の供養碑を、もとの湖岸に建設した。川原字天野にあるお亀石がそれである。今は、お亀石は未申向きであるが、もし、西向きになって当麻をにらむ時には、一度平地となった大和盆地が、また泥海となるといわれる。

（高田十郎編『増補版　大和の伝説』）

◇伝説探訪◇

明日香の亀石

亀石は、明日香村の川原と野口の境にあり、縦四・五三m、横二・七七m、高さ二mをこえる飛鳥石（石英閃緑岩）の下面に、溝彫りで顔が彫られており、西南方向を向いている。文献の初出は、永久四年（一一一六）の「弘福寺僧彦印解」であり、「畠字龜石垣内南一」と記される。これを根拠に、寺域の境界を示す「傍示石」であったとする説がある。『太子《たいし》傳《でん》古今《ここん》目録抄《もくろくしょう》』（一二三八年頃成立）には、定林寺の項に「太子自造蓬萊山。亀大四五尺許（聖徳太子が自ら蓬萊山を造った。亀（石）の大きさは四、五尺であった）」とあり、平安時代末期には、亀石が蓬萊山に比定されていた。筆者はこの亀石の製作目的・用途について、亀石は「図負える亀」であり、巨勢路を辿ってきた旅人が、明日香の中

亀石

心部に入る時に最初に目にするものであり、その甲羅には何らかの「図」あるいは「文」が描かれていたと推測した。

奈良（大和）盆地は紀伊半島の中央部にあり、四方を山に囲まれている。年間降水量は全国平均よりもわずかに少ない。しかし、盆地内の河川は流れる距離の短い小河川であり、降った雨は盆地から急速に流れ去ってしまい、降水量の少ない時は、旱魃の被害が生じ、逆に集中豪雨の時は堤防が決壊し洪水を引き起こす。「日照り一番、水つき一番」という諺や、「大和豊年米食わず」（大和が豊年の年は他の地方では大雨で米不足になる）という諺もあるほどである。吉越昭久によると、七世紀以降の史料から渇水と洪水の発生回数を調査した結果、奈良盆地では、渇水は一〇・五年に一回の割合で、洪水は一四・三年に一回の割合で発生していることが明らかにされた。さらに奈良盆地の水は各河川の水を大和川に集め、亀ノ瀬峡谷から流れ去る。亀ノ瀬峡谷は明日香から見て、当麻とほぼ同じ西方に当たり、すべての水を当麻に取られるという伝説と重なり合う。明日香の亀石伝説もそうした奈良盆地の地理的・気候的な風土を反映していると考えられる。さらには奈良盆地では水不足を背景に、水争いが頻発した歴史がある。蛇と鯰の争いによって、水が勝った方の当麻に取られたという伝説のモチーフは、水争いの記憶を反映している。

明日香の亀石伝説は、次の五つのモチーフに分けられる。

湖水伝説　「昔、大和の国中が湖水であったころ」「昔あるいは大昔に湖水であったところが、何らかの理由で水が無くなり盆地になった」とするモチーフは、広く認められる。山形県小国郷では、大蛇と大亀との戦いがもとで湖水が引き、盆地になったと語られ、福島県信夫郡・伊達郡、山梨県甲府盆地、熊本県阿蘇郡一の宮町など全国的に広く見られる。

動物の戦い　動物が戦う伝説も全国的に分布している。山形県小国郷の開闢伝説では、湖水であったところが、大蛇と大亀の戦いがもとで盆地になったといい、大蛇と戦って、負けた方の亀が水をもって川を下るというモチーフを持っている。また、小国郷には、大蛇と大蟹が戦って、沼の水が流れ出し、沼底は干上って小国盆地になったという類話もある。仙台市、志田郡三本木町では、鰻と大蜘蛛が、伊具郡丸森町、桃生郡雄勝町では鰻と蟹が戦うなど、動物の戦いにはいくつかのパターンがある。

亀石の生成　生きていた亀が何らかの理由で「石と化す」という事例が多い。明日香の亀石は、「石と化した」ものとするよりは、その前面下部に顔が彫刻されていることから、生成を語られることはなく、その「製作」について語られたものと考えられるのである。

亀の供養　明日香の亀石は亀の「供養碑」であると語られている。日本の他の地域では、漁の場面で網にかかった亀を供養する碑が海辺で建てられることがある。岡山県邑久郡牛窓町、和歌山県有田市、和歌山県印南町、和歌山県田辺市、愛知県知多郡南知多町、愛知県知多郡三浜町などの亀形の石造物はいずれも海亀を葬ったものである。しかし、明日香の亀石は「供養碑」としての条件を満たすとは言い難く、伝説として「後付け」されたものと考えられる。

亀石への作為　亀石に何らかの作為をするとどうなるかが語られるものが「亀石への作為」である。石川県・福井県・愛知県・岡山県・大分県・長崎県などに分布する。自然災害のような祟りがもたらされる（福井県）、亀石が泣く（石川県・大分県）、血を流す（長崎県）。明日香の亀石では、中（南西）から西の方角に向きをかえると平地が泥海になるといい、亀石への作為が災厄・異変をもたらすという伝説である。

酒舟石《さかふねいし》遺跡の亀形石造物

二〇〇〇年二月に酒船石北方から出土した亀形石造物とその周辺の遺跡は、「亀形」の遺物として注目されている。亀形石造物は酒船石のある丘陵の北側の扇状地性の低地にあり、十二メートル四方の石敷きの中に設けられた導水施設である。亀形石造物は石英閃緑岩の中央を円形に刳り抜いて水盤状になっている。全長二・四メートル、幅二メートルの大きさである。また、その南側には小判型の水槽があり、湧水を小判型水槽で受け、亀形石造物に流し込む仕組みになっている。この亀形石造物は現在、酒船石遺跡として、保存されている。二〇〇〇年に発掘された遺跡であることから、亀形石造物にまつわる伝説は存在しないが、その製作目的・用途については、いくつかの説が出されており、末尾にまとめて記す。

筆者は、亀形石造物を、水占の場と考えている。まず、亀形石造物が造られたとされる斉明朝とほぼ同時代の周辺諸国、特に中国や、朝鮮半島とあわせて日本の文献に「図（文）を負う亀」があり、斉明朝とほぼ同時代、あるいはその前後の時代の国内の遺物にも「図（文）を負う亀」のモチーフが見られるからである。

「文字を負う亀」は中国の「河図洛書」に由来する。「河図洛書」とは、周易と洪範九疇との根元となる図書であり、河図は伏犠《ふくぎ》の時黄河から出た龍馬の背に書いてあったという図であり、洛書は禹が洪水を治めた時、洛水から出た神亀の背にあったという文である。

朝鮮半島では、『三国史記』「新羅本紀　第三　第二十一代　炤知麻立干」十年（四八八）夏六月の条に「東陽（不詳）から六眼の亀を献じた。（その亀の）腹の下に文字が書いてあった」とある。また、『三国史記』「百済本紀　第六　第三十一代　義慈王」二十年（六六〇）六月の条には、「一匹の鬼が宮中に入り、大声で「百済が亡びる。百済が亡びる」と叫び、すぐさま地下にもぐった。王はこれを怛《おそ》れて、その地を掘らせたところ、深さ三尺ばかりのところに一匹の亀がおり、その背に、百済同月輪（百済は満月のようなもので）、新羅如月新（新羅は新月のようなものである）」という文章があった。

日本では、「天智紀」九年六月条に、「邑中《むらなか》に亀を獲《え》たり。背に申の字を書せり。上黄に下玄し。長さ六寸許」とあり、壬申の乱を予言するものとされている。『続日本紀』には、十三例、亀の献上の記事がある。その内、二例が「図《ふみ》（文）を負う亀」であり、霊亀・天平への改元につながっている。元明天皇、霊亀元年八月には七星の図を負う亀が献上され、これを契機に霊亀に改元されている。聖武天皇天平元年六月には、「天王貴平知百年」の七文字を背に負った亀が献上され、これを契機に天平に改元されている。『万葉集』巻一―五〇番歌、「藤原宮の役民《えだちのたみ》の作りし

亀形石造物

歌」にも「図負える亀」が詠まれている。持統天皇八年（七一〇年）に藤原京へ遷都されており、歌はその前後の時代を詠んだものと考えられる。その一節に、「我が作る　日の御門に　知らぬ國　よし巨勢道《こせじ》より　わが國は　常世にならむ　図負へる　くすしき亀も　新た代と　泉の川に」とあり、「我々の造った日の朝廷に、異国をも服従させ給え（依し越せ）という名の巨勢道から、我が国が常世になるという、めでたい模様を背に負った霊妙な亀も、新時代を祝福して出現する（「出づ」）というその泉の川に」という意味内容を歌っている。

「天寿国繍帳」は、聖徳太子の死後、太子の赴いた天寿国の様子を表した帳であり、その製作の由来については、全文四百字からなる繍帳銘文に詳しく書かれている。この四百字の銘文を乗せるのが亀形の意匠である。天寿国繍帳における亀と文字との関わりについて、中国、殷代の卜辞にまで遡れば、亀が神意を伝達するにふさわしい性質をもち、神と人との間の媒介者として最も適当とされてきたものと考えられ、背甲に四字ずつ銘文を記したのであるから、文字を背負う龜すなわち洛水から出現した龜と同様であるといえる。天寿国繍帳の意匠として用いられている亀は「文字を背負う亀」である。

［国内の遺物・四天王寺亀井堂亀形水槽］　亀形石造物と同じ仕組みの「湧水―流水」の遺物が、大阪市天王寺区の四天王寺亀井堂にある。寺伝によると、推古元年（五九三）創建とされている。亀井堂の中央部に亀の甲羅を象った水盤があり、亀の口から水が湧き出している。湧水は、金堂の地下にある青龍池からわき出すと言われている。寛弘四年（一〇〇七）に出現した『四天王寺御手印縁起』にもあり、現在も「白石玉出の水」と呼ばれている。ここに上東門院（中宮彰子）が、長元四年（一〇三一）九月二十七日に参拝しており、この時代に既に、亀井の水があったことが明らかである。亀形石造物が小判型水槽から亀形水槽の口に水を流し込むのに対して、亀井堂では亀の口から亀の甲羅型水槽に水を流し込む仕組みになっている。

では、亀形石造物とは何か。斉明朝とその前後の時代の「亀」を見たとき、酒船石遺跡の亀形石造物も「図を負う亀」あるいは、「神意を伝達する亀」、そして、人間の側から見たときには、「予言する亀」であると考えられる。亀形石造物は、亀形の水盤に聖水を溜め、水盤にはられた水のつくる模様（図・文）を亀の背に表れた神意として、その予言を読み取ろうとした儀式がなされたものと推測できる。図・文を水盤に浮かべ神意をうかがった。「図（文）負える亀」から神意を受け取ろうとする水占がなされた場所というのが私説である。

（軽澤照文）

◇伝説地情報◇

- 亀石へのアクセス
  近鉄吉野線「岡寺駅」下車徒歩25分
  または、近鉄橿原線「橿原神宮前駅」下車　奈良交通バス「野口」下車徒歩5分
- 亀形石造物へのアクセス
  近鉄橿原線「橿原神宮前駅」下車　奈良交通バス「飛鳥寺」下車徒歩5分
- 周辺のみどころ
  明日香ルビー（いちご）狩り
  飛鳥古京　橘寺　川原寺　石舞台古墳　酒舟石遺跡　など多数
- おみやげ
  飛鳥の蘇

3 神武天皇陵と国源寺　橿原市大久保町

天延二年（九七四）三月十一日に畝傍山の東北を多武峰寺の検校であった泰善《たいぜん》が通った時、白髪で茅の簑《みの》を着た人物と出会った。その人物は、泰善に「師はこの地で国家の栄福のために法華経を講ずるべきである。」といった。それに対して、泰善が姓名や住んでいる所を尋ねると、「我は人皇第一国主で、常にこのところに住んでいる」とその人物は答え、見えなくなった。それで泰善は毎年三月十一日にその地で法華経を講じた。このことを伝え聞いた当国の国守藤原国光は貞元二年（九七七）に方丈堂を建て、観音像を安置した。（『多武峰略記』末寺国源寺条・要約）

◇伝説探訪◇

大和三山の一つである畝傍《うねび》山の東麓に鎮座する橿原神宮では「神武さん」という愛称で呼ばれる祭りが四月三日にある。この「神武」とは、先の伝説にあった「人皇第一国主」であり、『古事記』や『日本書紀』が初代の天皇と記す神武天皇のことである。『日本書紀』には、神武在位七十六年春三月十一日に崩御したと記している。その三月十一日を明治維新後に太陽暦で換算したのが、四月三日である。この日は、昭和二十三年（一九四八）に、「国民の祝日に関する法律」（祝日法）の施行により廃止されるまでは、「神武天皇祭」という祭日で、休日でもあった。

「神武さん」が行われる橿原神宮は、神武天皇が即位した橿原宮址とされる現在地に、神武天皇を祭神として、明治二十三年（一八九〇）に官幣大社として創建された。その後、昭和十五年（一九四〇）が神武即位二六〇〇年たる紀元二六〇〇年に当たるとして、そのために社殿の改築、神苑の拡張が行われた。周辺も鉄道の移設や発掘を実施し、参道だけでなく、競技場や国史館（現在の橿原考古学研究所附属博物館の前身）なども開設して、整備された。奈良県内だけでなく、全国から「建国奉仕隊」が参加した、大事業であった。

この時に整備された参道などを利用して、現在では四月三日の前後一週間にわたって、「春の神武祭」が開催されている。この期間中は、橿原神宮のライトアップおよび映像ショー、古代衣装による参道パレード・植木市なども行われ、賑わう。

神武天皇祭

神武天皇

神武天皇は初代の天皇として、日向すなわち現在の宮崎県から東征して大和に入り、橿原宮で即位する経緯などに関して、多くの伝説を持つ。そして、神武天皇の東征を、邪馬台国の東遷と結びつけ、神武天皇を実在したとする説もある。この神武天皇について、『古事記』は一三七歳、『日本書紀』では一二七歳で崩御したと記している。また、『日本書紀』が、この天皇が即位したと記す、辛酉年は紀元前六六〇年にあたる。これらのことから、現在では多くの歴史家が神武天皇の実在を疑問視している。崇神天皇、応神天皇、継体天皇、記紀編纂時の天武天皇などをモデルに、神武天皇の伝説を創作したとするような説もある。また、祭りにも使用されている「神武」という名も、奈良時代後期に付けられた漢風の諡号すなわち崩御後に送られた名である。

この神武天皇を『日本書紀』は「始馭天下之《はつくにしらす》天皇」つまり「初めて天下を馭《ぎょ》（支配）する」天皇と記している。ところが、十代の崇神天皇も、『古事記』は「知初国《はつくにしらしし》天皇」、『日本書紀』は「御肇国《はつくにしらす》天皇」と表記し、「はつくにしらす」の名を持つ。このことなどから、崇神天皇が、事実上の初代の王者すなわち統治者であるとみなす説がある。一方、「はつくに」とは『出雲国風土記』の「初国」「稚国」と同じく生まれたばかりの国の意味であり、「はつくにしらす」とは初代の統治者ではなく、国を「初国」「稚国」つまり原初の状態に切りかえる呪術師的王者の称号とする説もある。

なお、神武天皇のことを『古事記』では「神倭伊波礼毘古命《かむやまといわれひこのみこと》」、『日本書紀』では「神日本磐余彦尊《かむやまといわれひこのみこと》」などとも記している。この「いわれひこ」という名について、聖なる岩から現《あ》れまして、国をお治めになったという国生み神話を内包しているという説がある。さらには、崇神天皇の前に神武天皇以下九代の系譜があるのは、天皇家の長い歴史があり、神話を内に包んだ歴史意識によるものとする指摘もある。

神武陵と国源寺建立伝説

このように実在が疑問視される一方で、神話も内に包んだ歴史意識とも関わるという神武天皇には、その御陵に関しても最初に紹介したような興味深い伝説がある。

現在、橿原神宮から北へ徒歩十五分ほどの、畝傍山の東北麓、橿原市大久保町に神武陵がある。この御陵は、四月三日に勅使による奉幣があるだけでなく、慶事などに際して、皇族による参拝もあり、よく知られている。参道や宮内庁書陵部畝傍陵墓監区事務所なども含む敷地は、東西約五〇〇メートル、南北約四〇〇メートルと、広大である。その敷地の中に、東西約一三〇メートル、南北約一四〇メートルの堀で囲まれた地域がある。立ち入り禁止で探訪することのできない、その地域の中に直径三十六メートルで高さ三メートルの円墳がある。

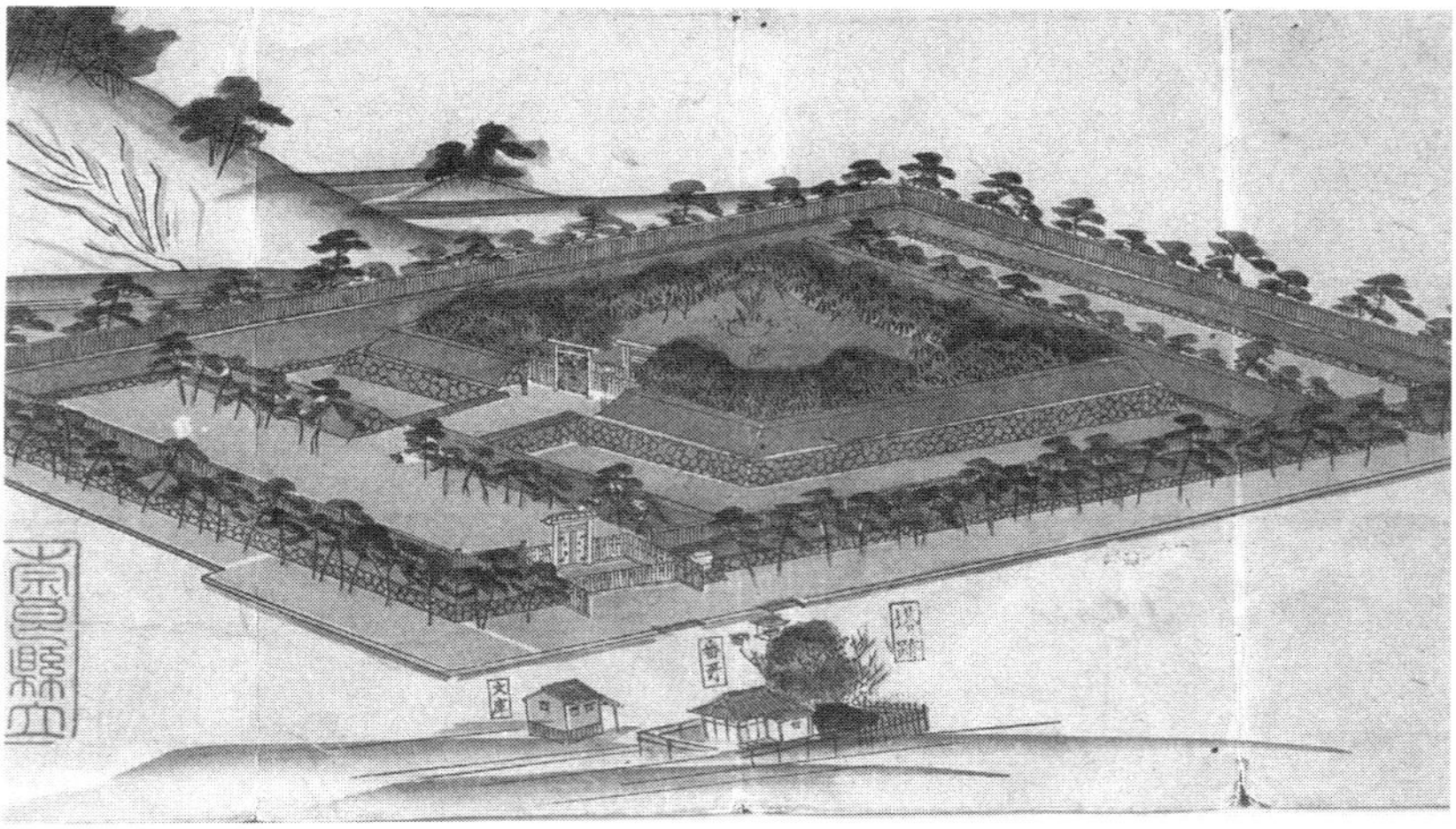

神武天皇畝傍山東北御陵御祝詞（奈良県立図書館情報館蔵）

神武陵は、『古事記』によれば、「畝傍山の北の方の白檮《かし》の尾の上」にあることになり、『日本書紀』によれば、「畝傍山の東北陵」にあることになる。十世紀に編纂された、『延喜式』にも、「畝火山東北陵」と記してある。さらに『延喜式』には、神武天皇陵は、東西一町（約一一〇メートル）、南二町（約二二〇メートル）の広さがあったことも記している。なお、『日本書紀』には壬申の乱に際して、所在地は記していないが、神託により大海人皇子すなわち、後の天武天皇が神武天皇陵に馬や兵器を奉ったことが記されている。

また、最初に紹介した伝説は十二世紀末とされる『多武峰略記』の国源寺という多武峰寺（現在の談山神社）の末寺に関する記述にある。この伝説によれば、貞元二年（九七七）つまり十世紀後半に畝傍山の東北にあった神武陵の近くに「人皇第一国主」すなわち神武天皇のために、観音像を安置した方丈堂すなわち国源寺も建立されたということになる。

これらから、初代の天皇の御陵である、神武陵と称するものが、壬申の乱があった七世紀後半以前から存在し、『延喜式』が編纂される十世紀頃までは畝傍山の東北に確実にあったことがわかる。さらに、十世紀後半にはその神武陵の近くに国源寺というお寺も建立されたと推定することもできる。

神武陵治定と霊威伝説

現在の神武陵は、畝傍山の東北にある。また、立ち入り禁止区域にあり探訪することはできないが、畝傍陵墓監区事務所の北東、先ほどの堀で囲まれた地域の外でその東南に、礎石がある塔跡とされる小丘が敷地内にある。この小丘を国源寺跡と考えれば、現在の神武陵が『日本書紀』や『延喜式』などに記された神武陵と認定して問題ないように思える。

しかし、江戸時代には、神武陵について、神武田・丸山・塚山という三説があり、文献や踏査に基づく論争もあった。幕府は元禄の頃から、現在は第二代綏靖天皇の御陵となっている塚山を神武陵としていた。ところが、幕末の尊皇思想の高まりの中で、初代の天皇たる神武天皇の御陵の保護と修理が問題となった際に、治定を見直した。そして、神武田すなわち現在の神武陵を文久三年（一八六三）に孝明天皇の勅裁で神武陵と定めた。

神武田には「ミサンザイ」と「ツボネカサ」という字名があり、芝地と二つの小丘が存在した。この神武田という名・「ミサンザイ」という字名・畝傍山の東北という位置などから神武陵と治定されたのである。その東が「塔の垣内」という字名から国源寺跡と推定できることも神武田を神武陵とする根拠となった。

奈良奉行所の与力による安政二年（一八五五）『御陵取調復命書』には、神武田を神武陵とする根拠として、先に挙げたこと以外に、神武田に次のような霊威の伝説もあることを記している。

この地の松や桜を伐り取って薪として持ち帰ったものは残らず死に果てる。この地を開墾しようとすると、狂風暴雨となり、それに関わったものも死絶する。草を刈り取って牛馬に与えても喰わない。

このような霊威の伝説があり、二つの小丘しかなかった神武田は、約一五〇〇〇両も使用して整備が行われた幕末の文久以来、数度にわたって整備されて、現在の神武陵となったのである。堀だけでなく、その中にある、円墳も二つの小丘をつないで整備されたものである。

神武陵と四条古墳群

文久に堀を掘削した時に、弥生土器・須恵器・埴輪や瓦・古銭が出土している。これらの記録を含めた文献の検討と近接する四条古墳群の発掘調査などから、現在の神武陵については、塚山とともに、四条古墳群を構成する古墳であった可能性が指摘されている。この四条古墳群は発掘調査によってその存在が明らかになり、現在までに十二基の古墳の存在が確認されている。一辺約二十九メートルの方墳である一号墳の周濠内から、円筒埴輪に混じって人物、馬、猪、家、盾などの形象埴輪、さらに笠、翳（さしば）、盾、鳥、剣などの木製品が多数出土し、発掘調査当時は大きな話題となった。この多量の木製品は古墳時代の葬送儀礼を考える上で現在も貴重な資料となっている。また、これらの古墳は藤原京の造営に伴って墳丘が削平され周濠も埋められたと推定でき、藤原京との関係でも注目されている。

ただし、この四条古墳群の古墳（跡）とする説以外に、文献や周辺の発掘調査などから現在の神武陵を寺跡とする説もある。さらには、塚山や丸山を『古事記』や『日本書紀』などに記された神武陵とする説が、藤原京との関係などを根拠としてある。

つまり、現在の神武陵は幕末の文久以降に整備されたものであり、『古事記』・『日本書紀』・『延喜式』などに記された神武陵であったかどうかは、不明なのである。しかし、この御陵は霊威の伝説・整備の経緯・異説の存在・多量の木製品が出土した四条古墳群に近接するなど興味深いところである。広い敷地で、荘厳な雰囲気を持つ、この神武陵をぜひ探訪していただきたい。

（藤井稔）

◇伝説地情報◇

行事

神武天皇祭　四月三日

見どころ

おおくぼまちづくり館　神武陵から、東へ徒歩約10分（入館料　一〇〇円）人権学習施設で、映像・絵図・ジオラマなどもあり、現在の神武陵および神武陵とする説のあった丸山についても詳しく知ることができる。

時間的に余裕があれば、畝傍山登山や橿原考古学研究所附属博物館見学（入館料　大人四〇〇円）もお薦めである。

お土産

埴輪まんじゅう　橿原考古学研究所附属博物館でも販売

神武天皇陵へのアクセス

所在地　奈良県橿原市大久保町

交通手段　近鉄畝傍御陵前駅より西へ、徒歩約10分

4 六御県《むつのみあがた》——古代天皇家の基盤——　奈良県内各地

今から二千七百年余り昔、大和平野の南、畝傍山の麓に、小さな国が誕生した。その国の王は「神倭《かむやまと》伊波礼毘古《いわれびこ》」という。後に「神武天皇」と諡名《おくりな》される日本の初代天皇その人である。

南九州の日向の地を出発して東を目指したイワレビコは、瀬戸内海を東進し、大阪湾に入ったが、生駒山の土着勢力であった那賀須泥毘古《ながすねびこ》に行手を遮られた。やむなく、紀伊水道を南下、熊野へ迂回し、熊野の山中より吉野を抜けて宇陀より、大和平原へ出る。何度も生き死にの目に遭いながら、苦労の末に、大和の橿原の地において。初代天皇として即位した。

イワレビコが大和平原に入った頃、この地には、六つの御県《みあがた》があり、それぞれ「御県坐神《みあがたにますかみ》」がいて、それぞれに奉斎する豪族（県主《あがたぬし》）がいた。それは、高市《たけち》・師木《しき》（磯城）・葛木《かづらき》（葛城）・十市《といち》・山辺《やまのべ》・曽布《そふ》（添）の六つの県《あがた》であった。この六つの御県の最大勢力こそ、大和なす大神大物主大神《おおものぬしのおおかみ》を斎き祀る師木《しき》県主（磯城）一族であった。今も、神体山三輪山の麓に、日本最古の神社とされる大神神社《おおみわじんじゃ》が鎮座する。その師木（磯城）県主一族がイワレビコに最初に服属し、イワレビコを強力に援助し支えたのである。

『古事記』によれば、この師木（磯城）県主一族が奉斎する大物主神は、この新参者であるイワレビコに自らの娘を妃として与えた。これが初代皇后伊須気余理比売《いすけよりひめ》である。イスケヨリヒメは、「神の子」と呼ばれた神聖な女性である。この女性を皇后に迎えることによって、イワレビコは、大和の天皇として不動の地位を得たのである。

以後、第二代綏靖天皇、第三代安寧天皇、第四代懿徳天皇の皇后は、いずれも師木（磯城）県主家の女性が立っている。このことは、師木（磯城）県主家の服属を意味する。

初代天皇が宮を置いた橿原の地は、高市御県《たけちのみあがた》と言う地であった。初代は、この地を本拠として、東に隣接する師《し》木《き》（磯城）御県を押さえたのである。

葛城御県神社（葛城市）

次の第五代孝昭天皇の皇后は、西の葛城御県《かづらきのみあがた》を本拠とする尾張《おわり》連の女《むすめ》余曽多本毘売命《よそたほびめのみこと》である。これは、葛城御県の服属を意味する。

次の第六代孝安天皇の皇后は、天皇の姪である忍鹿比売命《おしかひめのみこと》で、天皇の同族から選ばれた。

第七代孝霊天皇の皇后は、六御県のうちの十市《といち》御県の県主の女細比売《くわしひめ》である。

次の第八代孝元天皇の皇后は、穂積《ほずみ》氏の女内色許売命《うつしこめのみこと》である。穂積氏は、物部《もののべ》氏と同祖であり、この両氏の本拠地は、今の石上神宮《いそのかみ》の鎮座する地、すなわち、山辺《やまのべ》御県にあった。

第九代開化天皇の皇后は、やはり穂積氏の女、先帝孝元天皇の妃である伊迦賀色許売命《いかがしこめのみこと》で、第九代崇神天皇を生む。また、この天皇には、遠く北の丹波《たんば》国より竹野比売《たか(け)のひめ》が妃として上っている。

皇妃の出自

天皇	皇后・后
神武天皇	伊須気余理比賣《いすけよりひめ》（大物主神ノ女《むすめ》）
綏靖天皇	河俣毘賣《かはまたひめ》（師木県主之祖）
安寧天皇	阿久斗比売《あくとひめ》（師木県主波延ノ女《むすめ》）
懿徳天皇	賦登麻和訶比賣《ふとまわかひめ》命（師木県主ノ祖）
孝昭天皇	余曾多本毘賣《よそたほびめ》命（尾張連之祖、奥津余曾ノ妹）
孝安天皇	忍鹿比賣《おしかひめ》命（姪）
孝霊天皇	細　比賣《くわしひめ》（十市県主之祖、大目ノ女）
	春日千千速真若比賣《かすがのちちはやまわかひめ》
	意富夜麻登玖邇阿禮比賣《おほやまとくにあれひめ》命

天皇	皇后・后
	蠅伊呂抒《はへいろど》（阿禮比賣命ノ妹）
孝元天皇	内色許賣《うつしこめ》命（穂積臣等之祖、内色許男命ノ妹）
	伊迦賀色許賣《いかがしこめ》命（内色許男命ノ女）
	波邇夜須毘賣《はにやすびめ》（河内青玉《かわちのあおたま》ノ女）
開化天皇	竹野《たかの》比賣（旦波大県主、由碁理《ゆごり》ノ女）
	伊迦賀色許賣命（内色許男命ノ女）
	意祁都比賣《おけつひめ》命（丸邇《わに》臣之祖、日子国意祁都命ノ妹）
	鸇《わし》比賣（葛城垂見宿禰ノ女）

以上、天皇家の創業の時代、初代から第九代の皇后や妃の出身地は、ほとんどが大和平原のうち、とりわけ、六御県出身の女性に限られているのである。この御代の天皇の都（宮）もまた、大和平野を出ることはない。

古代大和平原に誕生した天皇家は、御県を一つ一つ掌握しながら、南から北へその地盤を拡げていった。その方法は、武力によるのではなく、その御県の神を祀る女性を皇后や妃に迎える、すなわち結婚という方法をとったのである。

この御県の神こそ平安朝の延喜式神名帳に特筆される「六御県に坐す皇神《すめがみ》」である。それは、

高市御縣神社

山辺御県坐神社（天理市別所町）

高市御県神社（橿原市）

山辺御県神社（天理市西井戸堂町）

十市御県坐神社（橿原市）

志貴御縣坐神社（志貴は、師木・磯城とも記す）
葛木御縣坐神社（葛木は、葛城とも記す）
十市御縣坐神社
山辺御縣坐神社
添　御縣坐神社（添は、曽布とも記す）

の六つの神社であり、いずれも「大社」に列せられている。

「延喜式」祈年祭祝詞《としどいのまつりのりと》には、

「御《み》縣《あがた》に坐《ま》す皇神等《すめがみたち》の前に白さく、高市《たけち》・葛《かづら》木《き》・十市《とをち》・志《し》貴《き》・山邊《やまのべ》・曾《そ》布《ふ》・と御名は白《もう》して、この六つの御縣に生《な》り出づる、甘《あま》菜《な》・辛菜《からな》を持ち參《ま》ゐ来《き》て、皇御孫《すめみま》の命の長《なが》御《み》膳《け》の遠御膳《とほみけ》と聞《きこ》しめすが故に、皇御孫の命のうづの幣帛《みてぐら》を稱辭竟《たたへごとお》へまつらく」と宣る。

とあって、平安時代には天皇家の内廷直轄領となっていた。

倭国六御県は、古代の大和大王達が、聖なる御県の女性祭祀者達を結婚という方法で同族化し、大和平原を掌握した経緯を物語る舞台となった地である。

なお、この第二代から第八代の天皇の名前には、国作り神話が凝縮されているという説がある（高崎正秀『文学以前』）。第二代から第九代の天皇の名は、次の通りである。

神沼河耳命《かむぬなかはみみのみこと》（二代）　ヌナカワのヌは、翡翠《ひすい》（玉）

師《し》木《き》津《つ》日《ひ》子《こ》玉手《たまで》見命《みのみこと》（三代）　玉

大倭《おほやまと》日《ひ》子《こ》鉏友命《すきとものみこと》（四代）　鉏《すき》

御《み》真《ま》津《つ》日《ひ》子《こ》訶《か》恵《え》志《し》泥命《ねのみこと》（五代）　香稲（カエシネ）＝聖なる稲

大倭帯《おほやまとたらし》日《ひ》子《こ》國押人命《くにおしひとのみこと》（六代）　国を押す（開拓する）

添御県坐神社（奈良市歌姫）

添御県坐神社（奈良市三碓）

志貴御県坐神社（桜井市）

大倭《おおやまと》根子《ねこ》日子《ひこ》賦斗邇命《ふとにのみこと》（七代）　フトニは、立派な玉の意
大倭《おおやまと》根子《ねこ》日子《ひこ》国玖琉命《くにくるのみこと》（八代）　国をたぐり寄せる＝国引き＝国を広くする
若倭《わかやまと》根子《ねこ》日子《ひこ》大毘々命《おほびびのみこと》（九代）　偉大な太陽（日々）

この天皇の名前のうち、「大倭日子」「大倭帯日子」「大倭根子日子」「若倭根子日子」という称号は、後に付けられたもので、それらを取り除くと、沼河《ぬなかわ》（二代）、玉手見《たまでみ》（三代）、鉏友《すきとも》（四代）、訶恵志泥《かえくね》（五代）、國押人《くにおしひと》（六代）、賦斗邇《ふとに》（七代）、國玖琉《くにくろ》（八代）、大毘々《おおびび》（九代）となる。こうした名前は、聖なる玉や鉏、稲を持って営々と国土を開発してきた神話を内包しているのである。

『古事記』に記された初代神倭伊波礼毘古からこれに続く八代の天皇と皇妃の系譜は、初期の大和の天皇家が、大和盆地の土着豪族の女性達との結婚によって大和盆地を内廷化していった経緯を物語っている。その女性達の本貫地は、後に、「大和の六御県」となり、天皇家の内廷直轄領となって延喜式神名帳に特記される。

この六御県（高市・葛木・十市・志貴・山邊・曾布）こそ、大和天皇家が、大和の皇権を確立する基盤（初国《はつくに》）となった。この基盤作りを経て、即位した第十代崇神天皇を「初国知《し》らす天皇」と称える由縁は、ここにあるのであって、この八代の大和盆地の六御県の掌握こそが、天皇家が、全国を統一するための足がかりとなったのである。

（鈴鹿千代乃）

◇伝説地情報◇

所在地
高市御縣神社　橿原市四条町
志貴御縣坐神社　桜井市金屋

葛木御縣坐神社　葛城市葛木

十市御縣坐神社　橿原市十市町

山辺御縣坐神社　天理市西井戸堂町／天理市別所町

添御縣坐神社　奈良市三碓《みつがらす》／奈良市歌姫町

5 小子部《ちいさこべ》の里　橿原市飯高

雄略天皇《ゆうりゃくてんのう》が、すがるに命じて蚕を集めしめられたが、すがるは子とまちがえて、子供を集めてきたので、天皇はそれをすがるに与えて養うように仰せられ、小子部連《ちいさこべのむらじ》という姓を給うたという話は書紀にも見える。その子どもを育てたところが飯高の付近であるといい、ここを子部の里といった。飯高には子部神社や少子部神社があり、子部の方はすがるの先祖、少子部の方は少子部のすがるを祭るといわれ、少子部神社の氏子は、飯高と隣村の橿原市《かしはらし》小槻《おうづく》に数軒あって、すがるの子孫であると言われている。

（『大和の伝説（増補版）』）

◇伝説探訪◇

伝説にある「すがる」とは、雄略天皇に仕えた人物、小子部蜾蠃《ちいさこべのすがる》のことで、『日本書紀』『日本霊異記《にほんりょういき》』にその事跡が記載されている。『日本書紀』の内容を次に紹介する。

雄略天皇は后妃に桑の葉を摘み取らせ、養蚕を勧めようと思われた。臣下の蜾蠃《すがる》に命じ、国内の蚕を集めさせた。スガルは勘違いして、嬰児を献上した。天皇は大笑いし、嬰児をスガルに賜って、「お前自身で養いなさい」といわれた。スガルは嬰児を宮垣の下で養育した。これにより姓を賜り小子部連とした。

また雄略天皇は小子部連スガルに詔して、「私は三諸岳《みもろのおか》（三輪山）の神の姿を見たいと思う。お前は筋力が人より優れている。自ら行って捕らえてこい」といわれた。スガルは、ためしに捕らえてみましょう」とお答えした。そして三諸岳に登って大蛇を捕らえて天皇にお見せした。天皇は斎戒されなかった。大蛇は雷のような音をたて、目をらんらんと輝かせた。天皇は恐れ、目をおおってご覧にならず、殿中にお隠れになった。そして大蛇を岳に放せられた。改めて名を与えて雷とした。

前半は雄略天皇が后妃に養蚕を勧めるためにスガルに蚕を集めさせた伝承で、後半は膂力人《ちからびと》であるスガルが雄略天皇の命令で三諸丘の神を捉えてきた伝承となっている。『日本霊異記』には「雷をつかまえた話」としてスガルが捕らえた神が雷神に変わるなどの差異はあるものの、前半の内容とほぼ同じ伝承があり、栖軽《すがる》の死後、雷を捕えた岡に碑文を立てて葬ったが、恨みに思った雷神がこれを焼こうとしたところ、碑文の刻まれた柱の裂け目に挟まって再び捕らえられ、その地を雷《いかづち》の岡《おか》と呼ぶようになった逸話が追加されている。また蜾蠃が雷神を捕らえた話は有名な伝承であったようで、『源平盛衰記《げんぺいじょうすいき》』（鎌倉中・末期成立）巻十七巻に「栖軽雷を取る事」としてみえている。これら小子部氏の説話的背景については、丸山顕徳『日本霊異記説話の研究』に詳しい。以下、氏の研究に即して説話の背景について述べることとする。

一風かわったスガルの名前の由来は、中国最古の詩篇である『詩経《しきょう》』小雅《しょうが》、節南山《せつなんざん》、小苑《しょうえん》の句に「螟蛉《めいれい》に子有り、蜾蠃《から》これを負う」とあり、螟蛉とは桑の木にいる青虫のこと、蜾蠃は自我蜂のことで、蜂が幼虫の食糧確保の為、地面の穴に食料となる青虫を運び卵を産みつける狩りの姿を、子ども（青虫）を背負う親（自我蜂）に見立てたものである。中国の古小説『捜神記《そうじんき》』巻十三によれば、蜾蠃は雄ばかりで雌がいない土蜂で、自らの子を産まず普通は蚕か蝗を育て、いつしか我が子に変えてしまうとし、蜾蠃によって育てられる虫を螟蛉と呼ぶとする。スガルという名はこのような桑の木と育児にかかわることから中国古典を元に名づけられたと考えられる。

子部神社について、『延喜式《えんぎしき》』神名帳《じんみょうちょう》（延長《えんちょう》五・九二七年成立）には「子部神社」二座とあり、『多神宮注進状』（久安五・一一四九年成立）は子部神社について以下のように述べている。

雄略天皇のとき、スガルは諸国に遣わされ、蚕を収集することを間違えて子どもを集めて献上した。天皇は笑って子どもをスガル賜って「お前自身で養いなさい」と言われた。スガルは子どもを高辺で養育した。これにより姓を賜り小子部連とした。その子どもらが大人になり、多郷に住むよう命じられた。そのためこの場所を子部の里というようになった。また雄略天皇は霊夢を見て、スガルに神を子部の里に祀るように命じた、これが子部神社である。

また『多神宮注進状』の裏書には、「蜾蠃《すがる》神社一座、雷蜾蠃の霊、また雷神という。これすなわち小子部連の遠祖なり。子部の里にあり」と記されており、これによりこの神社が現在の子部神社のすぐ西にある小子部神社、別名スガル神社と呼ばれる社といえる。

『大安寺《だいあんじ》伽藍《がらん》縁起《えんぎ》 并《ならびに》 流記《るき》資材帳《しざいちょう》』(天平十九・七四七年成立)によれば舒明天皇十一年、百済川のそばにあった子部神社の社寺の一部を削り寺院や九重塔を建て、百済大寺と号したところ、子部神社の神が怒り九重塔や金堂を焼いたという。同じ内容が『日本三代実録《にほんさんだいじつろく》』(延喜元・九〇一年成立)の元慶《がんぎょう》四年(八八〇)十月二十日条にもあり、百済大寺を舒明《じょめい》天皇が創建した際、寺院傍の子部神社が恨みの為、堂塔を焼いたとある。この火災について大和岩雄は『日本の神々』第四巻、大和「子部神社」の頁において自然現象である落雷による出火が原因であり、近隣に位置する子部神社の祭神が雷にまつわる神格のため、社地を奪われた子部大神の怒りとする伝承となったと指摘している。

小子部氏は『古事記』中巻、神武天皇の段にある系図によれば、神武天皇の長兄の神八井耳命《かむやいみみのみこと》を祖とする氏族である。この系図の特徴は氏族の筆頭に『古事記』の編者、太安万侶《おおのやすまろ》の意富《おお》の臣があり、次に小子部が位置する。意富氏(多氏、太氏)の子孫は現在の奈良県磯城郡田原本町の南にある多村に住み、多神社を祀り、小子部連の子孫は、多村に隣接する橿原市飯高《ひだか》に住み、子部神社を祀っている。この近隣に居住する多氏と小子部氏の関係は他所にもあ

小子部神社

り、『日本書紀』天武天皇（上）の条に、壬申の乱の際、大海人皇子《おおあまのみこ》が、美濃国の多臣品治《おおのおみのほむじ》に機密を打ち明け、その地の兵を集結させたことが記され、隣国の尾張の小子部連鋤鉤《さひち》も、大海人皇子が挙兵してすぐに二万人の軍勢を帰順させたとある。この状況をみてみると、両者の間には地縁的結合をはじめとし、何らかの同族意識があったものと思われる。また小子部連鋤鉤の行動からも、小子部氏が二万の軍勢を集結させる強力な軍事的な力をもつ氏族であり、単なる宮廷の奥向きに使えていた士族ではないと考えられる。

小子部氏が軍事的色彩の濃い氏族であったことは、宮城の門に名を残した氏族であることからも推察される。藤原京跡から発掘された木簡には「（表）小子部門衛士□」「（裏）送建部門」とあり、平城京出土の木簡の中に「小子門」「小子部門」と記載されたものがある。木簡以外にも『続日本紀』天平宝字《てんぴょうほうじ》八年（七六四）十月十九日条に「小子門」を見ることができる。このように有力氏族が守護していた宮城十二門の門号には属さないものの、宮城の門に名を残した氏族であることから、天皇を警護する軍事的色彩の濃い氏族といえる。

『日本霊異記』では、小子部スガルが雷を捕まえるが、この伝承の背景には、古代宮廷において、雷は恐ろしい異形のものとして恐れられていたことがあげられる。小子部の説話が伝承されるのは、異形の雷神への対策と考えられる。古代宮廷では、雷が鳴った時に、宮中の警備に当たる者が陣を張るのを「雷鳴の陣」とよんでいた。『延喜式』巻四十五、左近衛府の雷降の項には、雷鳴によって、左右近衛、左右兵衛、内舎人らが内裏において陣をはることが記されている。この陣について、一条兼良の『公事根源《くじこんげん》』に「雷鳴《かみなり》の陣《じん》」と呼ばれていたことが記述されている。宮廷において、雷は軍に携わる官人が備える脅威として認識されており、これらを背景に小子部スガルの伝承が成立したといえる。もちろん、スガルが蛇神や雷神といった異形のモノに打ち勝てたのは、現実的な軍事力だけでなく呪術的な力を発揮した為であり、蛇神や雷神から雄略天皇を守護するスガルの武人としての姿は、小子部氏が単なる武力だけでなく、呪術的な備えの門番として異形のモノの侵入から宮城を守っていた説話的表現と考えられる。

　古代において、内裏の御門の四方には、邪神妖魔の侵入を防ぐ役割をもつ神として四方の御門に櫛磐牖命《くしいわまどのみこと》、豊磐《とよいわ》牖命《まどのみこと》という神が祀られている。また薩摩隼人が宮垣の傍で狗の代わりに吠える狗人とされたのも、『延喜式』にある朝廷の大儀や行幸の際、犬の吠声《はいせい》を発したことも、邪神妖魔退散の意を持つと考えられる。異界の脅威から小子部門を守る小子部氏もこのような呪力を保有していた氏族と理解されていたのであろう。小子部氏の根拠地は、前述したように子部神社周辺の橿原飯高から大槻の辺りであるが、藤原京の西北にあたる。西北は戌亥の方向であり、民俗学では富徳や祝福がもたらされる尊い場所とされる。このような位置に配されたのも、小子部氏が呪力をもつ門番であることと、無関係ではないと思われる。

　以上のように小子部スガルの伝承、子部神社の歴史、小子部氏の説話的背景について述べてきたが、小子部スガルの伝承は、全体として雷を捕らえた武人としての側面が強い。しかし近代に入り、小子部のスガルの話は、尋常小学校三年生の教材として世に知られ、スガルが子育てをした伝承から奈良県童話連盟によって育児の神様としようとする運動も昭和十年（一九三五）に起こっている。その際、『育児の神様　小子部蜾蠃』という小冊子が作られている。その序文によれば、小子部神社に参拝し、多神社と小子部氏の子孫の方の協力を得て、小冊子を作り、全国の育児、幼稚園団体等へ配布したことが記されている。

現代、小子部蜾蠃はヤマトタケル伝説を題材にした児童書『白鳥異伝』（荻原規子作・福武書店・一九九一年刊）の中に管流《すがる》の名で颯爽とした若者として登場し、古代より変わらないユニークな人物像で物語を支えている。

雷神を捕らえる勇猛な武人、反面、蚕を子どもと聞き間違えて子育てをする憎めない人物像をもつ小子部蜾蠃は姿を変えつつも現代まで伝えられている。

（下川新）

◇伝説地情報◇

小子部神社へのアクセス
近鉄大阪線真菅駅より北方１・２キロ

6 茂古《もうこ》の森　蘇我入鹿の首　明日香村上《かむら》

モウコンの森

多武峰の西のふもと、上村、字茂古林に、巨木の茂った気都和既《きつわき》神社がある。モウコンの森、モウコンの社という。

昔、鎌足が入鹿を討った時、入鹿の首が飛んで鎌足を追った。鎌足は多武峰さして逃げのぼり、たどり着いたのが、この森であった。鎌足は、ここまでくれば、もう大丈夫、「もうこぬ」と、社頭の石に腰をおろした。それでモウコンの森の名ができた。

入鹿の首は、はるか東南、伊勢境の高見山の方へ飛んでいったという。鎌足の腰かけ石は、今もモウコンの社前に残っている。一説には入鹿誅伐の謀議をねったところだともいう。

（『大和の伝説（増補版）』）

◇伝説探訪◇

この伝説は、日本の飛鳥時代の人物である蘇我入鹿《そがのいるか》について記したものである。話の大筋は、中臣鎌足《なかとみのかまたり》によって討たれた蘇我入鹿の首が飛翔し、その後を追い、多武峰《とうのみね》を目指して逃げた鎌足が茂古《もうこ》の森にたどり着き、「もう来ぬ」と言葉を発したことにより、その土地の名前となったとする地名起源の伝承である。

蘇我入鹿は、敏達《びだつ》、用明《ようめい》、崇峻《すしゅん》、推古《すいこ》の四代に亘って朝廷に大臣として仕え、蘇我氏の全盛を築いた蘇我馬子《そがのうまこ》の孫である。入鹿は、父である蘇我蝦夷《そがのえみし》とともに皇極天皇《こうぎょくてんのう》に仕え権勢を振るうが、中大兄皇子《なかのおおえのおうじ》（後の天智天皇《てんちてんのう》）・中臣《なかとみの》

茂古の森

鎌足《かまたり》（後の藤原鎌足《ふじわらのかまたり》）らによって行われた乙巳の変《いっしのへん》により飛鳥板蓋宮《あすかいたぶきのみや》の大極殿において殺害された。言うまでもなく、茂古の森の伝承は、大化の改新の名称でも知られる入鹿暗殺を元に成立した伝承である。

伝説に登場する「茂古《もうこ》」の地名は古くは十八世紀初頭に成立した江戸時代の地誌『日本輿地通志畿内部《にほんよちつうしきないぶ》』巻第二十四巻、大和国之十四、高市郡の「気都和既《きつわき》神社」の項に「上村茂古杜ニ在リ」と確認できる。

追われた者が追っ手より逃げ延び、もう来ないと述べたことにより、名前の由来となったとする伝承は、奈良県五條市小和町《おわちょう》にある御霊《ごりょう》神社の伝承にも見ることができる。『大和の伝説（増補版）』によれば、この神社の鳥居はモコン鳥居と呼ばれており、その名前の由来について次のように伝えられている。「五百年ほど前に霊安寺に祭られていた光仁天皇の皇后、井上内親王の御霊様が小和に移ることを希望したので、小和の人々は御霊様をかついで帰ってきた。霊安寺の人は御神体を奪われては大変とこれを取り返そうと追いかけたが、大島の人が御霊様を負って吉野川を渡らせてくれた。そこから逃げ帰り、追ってくる人もなかったのでそこに鳥居を建てた。もう来《こ》んというので、それをモコン鳥居と名づけ、お宮を造りお祭りした」とあり、茂古の森と同じ名前の由来を見ることができる。

　モウコン、モコンはおそらく従来はモウコであり、それが訛ったものと考えられるが、このモウコについて、柳田國男は『妖怪談義』においてお化けを意味する言葉の一つとしている。現代のお化けを意味する方言、ガゴやモウコ等の言葉は、「g」と「m」の音を重ねたものが多く、その理由としてお化けが口を大きく開けて中世の口語体の「咬もうぞ」といい出現したことがもととなったとしている。

　この柳田國男の説を踏まえれば、茂古の森の地名の意味は、モウコの住まう森、つまり化け物の住む森ということになり、なにか恐ろしいモノが住むと考えられた為に付けられた地名といえる。茂古の森は、入鹿の首より逃げ延びた鎌足が「もう来ない」といったことを地名の由来とするが、「噛もう」と追いかけてくる入鹿の首がやってきてもおかしくない雰囲気をもつ鬱蒼とした場所だったのであろう。

　モコン鳥居も井上内親王の怨霊を鎮め祭り御霊とした宮にあり、おそらく同じ意味合いを持つものと考えられる。

　茂古の森のみならず、奈良県には蘇我入鹿にまつわる伝承が多く、先に取り上げた高市郡明日香村上の伝承以外にも橿原市曽我町《そがちょう》、同市小綱町《しょうこちょう》に見ることができ、『大和の伝説（増補版）』にも紹介されている。

　曽我町の伝承は藤原鎌足に討たれた入鹿の首が、飛んで現在の曽我町の東端「首落橋」付近の家に落ち、その家を「おつて屋」と呼ぶとする。同伝承では入鹿の首塚はさらに飛び、ついに大和と伊勢の国境の高見山《たかみさん》に落ちたとする。曽我の氏神でもある曽我津比古《そがつひこ》神社は、曽我の森にあり入鹿の宮と呼ばれている。

　その曽我の森の西北には、「中曽司《なかぞし》の十三塚」があり入鹿と鎌足の戦いの戦死者の塚だとされ、曽我町一帯が蘇我入鹿の伝承を持つことがわかる。曽我町の隣村の小綱《しょうこう》も蘇我入鹿を氏神とした土地である。曽我津比古神社の氏子である曽我と小綱は、蘇我入鹿を討った藤原鎌足を祀る多武峰には決して参拝せず、かの村とは婚姻を結ばなかったとされる。そのほかにも小綱では高市郡明日香村の小原《おおはら》は藤原鎌足の母の出生地だというので、小綱と小原は縁組をしなかったという。また小綱では蘇我入鹿が鶏の鳴き声を合図に首を切られたので昔は鶏を飼わなかったとされ、小綱で生まれたものは、多武峰へ参ると腹痛が起こるとされる。

茂古の森の伝承や曽我、小綱の伝承の中核となっているのは、多武峰に祀られる藤原鎌足と高見山へ飛翔した蘇我入鹿の首の伝承である。相手方の藤原鎌足を祀る多武峰の談山神社《だんざんじんじゃ》にも蘇我入鹿が隠れた岩や、入鹿の首が切られ、大きな音を立てて飛び、談山神社の上手にある談上が森に落ちたことが伝えられている。

十六世紀頃の成立と考えられる『多武峰縁起絵巻《とうのみねえんぎえまき》』にも蘇我入鹿誅殺の場面が生々しく描かれている。絵巻には中大兄皇子（後の天智天皇）によって斬られ、空中高く蘇我入鹿の首が跳ね上がる様が描かれている。しかし、蘇我入鹿の事跡を示す一番古い史料である『日本書紀』には、入鹿が首を切られたとする明確な描写はない。入鹿は死の際、中臣鎌足と佐伯子麻呂《さえきのこまろ》によって頭と肩、脚を剣で切り裂かれ、皇極《こうぎょく》天皇に無実を訴えるも中大兄皇子に不忠の罪を奏上され、子麻呂らによって斬り殺される。その遺骸は雨によって水浸しとなった庭に放置され、敷物や屏風で覆われたとある。このように『日本書紀』において首が斬り飛ばされていない蘇我入鹿であるが、彼の首が伝承のように飛翔するようになったのは、いつの事であろうか。

蘇我入鹿と同じく、伝承の中でいつしか首が飛翔するようになった人物に、平将門が挙げられる。平将門は平安中期の関東の豪族であり、朝廷に対して「新皇《しんのう》」を名乗り、東国の独立を目指し、朝敵となった人物である。将門の反乱はわずか二ヶ月で鎮圧され、斬首される。その首の行方については、将門と同時代の人物である関白太政大臣藤原忠平《ただひら》の日記『貞信公記抄《ていしんこうきしょう》』五月十日条に、上洛した将門の首を市司が受け取らなかった為、外の樹に掛けられたと簡潔に記載があるのみである。ところが時代が経つにつれ、将門の首は怪異を示すようになる。十三世紀頃の成立とされる『平治物語《へいじものがたり》』では死後、三ヵ月経った後、藤六といふ歌詠の歌を聞き、獄門に掛けられた将門の首が笑ったとする。十四世紀頃の成立とされる『太平記《たいへいき》』ではその怪異はさらに強まり、その首は三ヶ月経っても色を変えず、眼も塞がらず、常に牙をかみ、斬られた身体の場所を求め、首をつなげて今一度戦うと夜な夜な叫ぶ。その後、ある人の歌を聞き、将門の首はカラカラと笑い、目が塞がり、ついに屍となったとある。十七世紀頃の成立とされる『前《ぜん》太平記《たいへいき》』では『太平記』の内容の後、東国を懐かしんだ将門の首は、空を飛んで帰り、武蔵の国に落ち、毎夜光を発し、祟りを恐れた人々は、祠を建て神田明神として祀ったところ、何事もなくなったとする。

これら将門の伝承に見られる首のみとなって示す怪異は、蘇我入鹿にも見ることができる。十二世紀頃の成立とされる『今昔物語集』の巻二二第一には中大兄皇子が入鹿の首を打ち落すと、その首は玉座に飛びあがり、無実を訴え、殺された理由を聞いたとある。また、先にあげた『多武峰縁起絵巻』の詞書《ことばがき》には天皇の玉座に飛んだ入鹿の首が、御簾《みす》に喰らいつく、飛んで石柱を噛む、四十回も飛び上がったなどの諸説が上げられており、その頃すでに蘇我入鹿の首が飛翔し、怪異を示していたことがわかる。将門や入鹿の伝承から十二世紀から十七世紀にかけて首が飛翔する伝承が成立したと考えられる。また首を切られてもなお、活動する存在に「大江山絵詞《おおえやまえことば》」に登場する酒天童子や『古今著聞集《ここんちょもんじゅう》』の源頼光に退治された鬼同丸等の鬼にも見られ、その尋常でない力をあらわしている。

この鬼達は朝廷に逆らう強力な存在として、伝承上に描かれるが首のみで怪異を示す蘇我入鹿や、平将門も朝敵の代表的な人物と考えられていた。『平家物語』「朝敵揃《ちょうてきぞろえ》」や『太平記』「日本朝敵の事」には野心を抱き、朝廷を滅ぼそうとした人物を列挙しているが、その中に入鹿と将門の名前を見ることができる。これら人物はいずれもその本懐を遂げたものはなく、屍を山野に晒し、首は獄門にかけられたと述べられている。この朝敵は全て首を切られるという意識が、『日本書紀』で切られなかった蘇我入鹿の首が伝承上切られる土台になったといえる。結果、朝廷に逆らう強力な存在としての認識が、首のみとなっても怪異をしめす核となり、入鹿の首の様々な伝承を生み出すこととなったと考えられる。

現代、多武峰に祀られる藤原鎌足と高見山へ飛翔した蘇我入鹿の首の伝説が伝わるが、このことについて柳田國男は『日本の伝説』において、山の高さを競う神々の話である「山の背くらべ」の伝説であったものが、歴史上の人物である鎌足と入鹿の争いの伝説に変化したものとしている。その根拠として、自らが採録した高見山が多武峰と喧嘩をして負けた時に、山の頭が飛んで、伊勢へ行く峠路にある大岩となったとする現地の伝説を紹介している。各地に伝わる「山の背くらべ」の伝説は、負けた神の首が切られ、岩などの自然物となったと語ることが多く、蘇我入鹿の首の伝承と親和性が高い伝説といえる。この伝説が神々の争いではなく、人物の争いとなるは珍しいが、奈良の人々にとって古くより鎌足と入鹿は対立する著名な人物であり、神々と並べても遜色ない偉大な人物であったのであろう。

多武峰と高見山に鎌足と入鹿がそれぞれ祭られることは、江戸期の書物である『即事考《そくじこう》』と『南勢雑記《なんせいざっき》』に確認できることから、江戸時代にはすでに人々に認知されていたものと考えられる。

なお、茂古の森の伝承地である気都和既《きつわき》神社は、多武峰の談山神社のすぐ傍にあり、県道一五五号線より外れた静かな小道にある。

（下川新）

◇伝説地情報◇

気都和既神社へのアクセス

近鉄橿原神宮前駅東口または飛鳥駅より奈良交通明日香周遊バス乗車、「石舞台」で下車後石舞台古墳より上り坂、徒歩30分

談山神社から下り坂、徒歩20分ほど

7 藤原の里　明日香村

「大原寺という寺があり、藤原寺《とうげんじ》とも言うとのことである。小さな寺ではあるが、とても気品があって美しい。すぐ目につくところなので入って見ると、お堂などはなく、ただ美しい造りのお社がある。大原明神と言って、あの有名な鎌足の大臣のご母堂を祀っているとのことだ。この寺の僧は、ここは持統天皇の藤原宮の跡だと言う。大原の里はこの南の山沿いに間近に見えており、藤原というはこの大原のことであるというのも納得出来る。しかし、持統天皇の藤原宮はここではない。藤原宮が香具山のあたりだったことは『万葉集』の歌々から明らかである。私も以前、この大原という里は香具山に近いところにあって、そこが藤原宮だろうと思ったものだが、今実際に訪れてみるとここは香具山とははるかに隔たっている。なかなか難しい問題だが、藤原の里はやはりこの大原のことであって、宮としての藤原はこれとは別にあの香具山のあたりにあったに違いない。」

（本居宣長『菅笠日記《すがさのにっき》』の現代語訳）

明和九年（一七七二）三月十一日、本居宣長は『菅笠日記』の旅の途中に大原の里（現在の高市郡明日香村小原《おはら》）の大原寺（藤原寺）を訪れ、そこの法師から、ここは持統天皇の藤原宮跡だと聞かされ、「藤原」というのはこの大原のことだと納得しながらも、「藤原宮」は香山（香具山）のあたりであることが『万葉集』の歌々（巻第一・五二番歌などを指すか。藤原注）からわかるので、この大原のことではなく別の場所だと断じている。宣長は藤原宮の場所を「香山耳成畝火の三山の真中なり、今も大宮殿《ドノ》と云て、いさゝかの所を畑にすき残して、松立てある是なり」（『万葉考』）とする師賀茂真淵の説を踏襲し、現在の橿原市高殿町大宮土壇を宮の場所と考えていたのである。

昭和九年（一九三四）から日本古文化研究所による発掘が行われ、真淵や宣長の説のとおり大宮土壇が藤原宮大極

藤原宮跡

殿跡であることが判明した。

◇伝説探訪◇

藤原鎌足誕生の地（高市郡明日香村小原《おおはら》）と母大伴夫人の墓

藤原氏は、大化元年（六四五）、中大兄皇子（後の天智天皇）と共に蘇我入鹿を斬殺し（乙巳《いっし》の変）、その後いわゆる大化の改新を成し遂げて以来、昭和戦前期に総理大臣を務めた近衛文麿（一八九一～一九四五年）に至るまで実に千三百年にわたり天皇の側近中の側近として政治・文化の中心に存在し続けた。その始祖である中臣（藤原）鎌足の誕生地について『大鏡』（平安朝後期成立か）は「鎌足《かまたり》のおとど生まれたまへるは、常陸《ひたちの》国《くに》」と記すが、他の文献では現在の明日香村小原とするものが多い。

『藤氏家伝』（奈良時代成立）によれば、中臣鎌足は大伴夫人（『尊卑分脈』によれば「（大伴久比子の娘の）智仙娘」）を母として高市郡の藤原の第（邸）に生まれたが、

産湯の井戸

懐妊中から泣き声が体外に聞こえ、懐妊十二ヶ月を経て出生したので、母方の祖母は鎌足の母に、この子は人知ではなしえないほどの功をなすだろうと語った、と伝える。

中臣鎌足が藤原姓を賜ったのは薨去の前日（天智天皇八年十月十五日）であるので「藤原の第（邸）」は「藤原氏の邸宅」という意味ではなく、「藤原（地名）にある邸」の意である。『藤氏家伝』は、鎌足の次男定恵《じょうえ》（貞慧）は「大原の第に終りぬ」、孫の武智麻呂《むちまろ》は「大原の第に誕まれき」と記しており、『多武峰縁起』（室町時代中期成立か）には「（鎌足は）大和国高市郡大原藤原第に生まる」、江戸幕府による官撰地誌『大和志』（享保二十一年（一七三六））には「大原村一名藤原又ノ名藤井ノ原多武峯ノ寺記ニ見ユ」と見えるので、「藤原」は「大原」と同じ地または「大原」の一部と見るのが妥当であろう。大原は現在「小原」と表記されるが、地元での発音は「おおはら」である。『改訂大和志料（下巻）』（昭和二十一年刊）にも、「今小原ニ作リ飛鳥村ノ大字ニ属ス。所謂藤原ハ其ノ内ニアリ、中臣氏世々ココニ住シ、鎌足連亦ココニ産ル。」とある。

現在、明日香村小原《おおはら》に大原神社があるが、この神社は「東源寺（藤原寺）の鎮守という伝承があり、八幡大神を祭祀していたといわれる」（『明日香村史　上巻』）。その鳥居前には「大織冠誕生旧跡」と刻まれた石柱が建っており、同社前の説明板「大原の里―藤原鎌足の誕生地―」（藤原鎌足顕彰会）によれば、「すぐ右手の田圃には、明治初年まで、『藤原寺《とうげんじ》』（鎌足誕生堂）が立ってい（た）」とのことである。「古くからこの地の大原神社の境内に鎌足誕生地を伝えている」（『明日香村史　中巻』）と言う。

大原神社の社殿の奥には二つの古井戸があり、「産湯の井戸」という説明板が立ててある。昭和二十一年（一九四六）刊『改訂大和志料（下巻）』に、「其ノ産湯ニ充テシ井今尚存シ俗ニ『産湯ノ井』ト称ス。」と見えるが、これらの井戸がそれであろう。『明日香村史　中巻』には「社殿のうしろの竹藪の中に、もと〝鎌足産湯の井戸〟を伝えていたが、こんにちは消滅した。」とあるのが不審であるが、これらの井戸の周りには今も雑草が茂っており、近づいて写真撮影などしていると猛烈な蚊の攻撃を受ける。そのような場所であるゆえ一時雑草に覆われて荒れ放題になって忘れ去られていた時期があったものか、と思う。

大原神社

大伴夫人の墓

大原神社のすぐ近くに鎌足を生んだ大伴夫人（先述）の墓とされる墳墓がある。

天武天皇と藤原夫人の歌問答

天武天皇はその夫人《ぶにん》（臣下出身の天皇の配偶者の中では当時最高の地位。妃の下、嬪の上。）藤原五百重娘《いおえのおとめ》（大原大刀自《おおはらのおおとじ》とも呼ばれる）に

我《わ》が里に　大雪降れり　大原《おほはら》の　古《ふ》りにし里に　降らまくは後《のち》
（『万葉集』巻第二・一〇三番歌）

（大意）我のいる里には大雪が降っている。お前のいる大原のさびれた里に降るのは後からだ。

と歌いかけた。

それに対して藤原夫人は、

我が岡の　龗《おかみ》に言ひて　降らしめし　雪の摧《くだ》けし　そこに散りけむ
（『万葉集』巻第二・一〇四番歌）

（大意）私のいる岡の水の神様に頼んで降らせた雪が摧けて、あなたのいらっしゃる浄御原宮に降ったのでしょう。

と応じている。

天武天皇が実家に戻っていた夫人に対して、宮に雪が降ったことをやや自慢げに「そちらに降るのは後からだ」と歌を贈ったところ、夫人は、「そちらの雪は私が故郷の水神に頼んで降らせた雪のかけらが飛んで行っただけですよ」と返しているのである。

天武天皇御製歌は天武六年十二月一日に浄御原宮に告朔《こうさく》（行政報告の儀式）ができないほど降った大雪を詠んだものと想像することもできる。

飛鳥浄御原宮は現在の明日香村岡のあたり、夫人の実家のあった大原は現在の明日香村小原であり、両地は直線距離にして一キロメートルに満たず、雪の降る時期に大きなズレがあろうはずもない。大雪で儀式が出来なくなった天皇が、実家に戻っている夫人に対して少しはしゃいで降雪を知らせ、夫人も軽い対抗心をのぞかせて応えた夫婦間のほほえましい歌問答ととらえたい。明日香村小原から岡へ千三百年余り前の歌のやりとりに思いを馳せて歩いてみるのも悪くない。

（藤原亨和）

◇伝説地情報◇

おみやげ

飛鳥の蘇　（みるく工房飛鳥製）

牛乳を特殊な方法で煮つめた古代のチーズ。昭和の末、苦心の末復元された。

八〇グラム一〇五〇円。要冷蔵。

飛鳥寺門前「大佛屋」、石舞台古墳前「あすか野」で購入できる。

大原神社へのアクセス

所在地　奈良県高市郡明日香村小原

近鉄橿原神宮前駅下車タクシーで約10分

8

大和猿楽四座　奈良県各地

面塚

面塚《めんづか》　磯城《しき》郡川西町結崎《ゆうざき》

糸井神社の前の宮前橋を渡って、寺川堤を東へ二〇〇メートルばかり行くと、面塚がある。昔、この村に、結崎清次（観阿弥のこと）という能楽師がいた。観世流の元祖である。ある年、京都で、能楽の御前演奏が開かれることになった。清次は糸井神社に日参して、観世流の名を汚さないように念願した。ある日、天から能面とねぎの一束とが降った夢をみた。夢に教えられてこの塚へきて見ると、やはり、事実そこに面とねぎとが落ちていた。清次はその面をかむって、御前演奏に出たが、首尾よくお賞めの言葉を頂戴した。面塚とは、これから付いた名であった。また、ねぎは土地に適しているので、結崎根深《ねぶか》・唐院《とういん》根深といわれて、大和国中にひろまった。（乾健治『大和の伝説』（増補版）（昭和三五年　高田十郎編　大和史蹟研究会）

◇伝説探訪◇

大和猿楽四座とは、結崎《ゆうざき》座・坂戸《さかと》座・円満井《えんまい》座・外山《とび》座のことで、この四座は江戸時代以降、能が武家の式学（儀式の時の音楽）として整備されていくと、観世《かんぜ》座（流）・金剛《こんごう》座（流）・金春《こんぱる》座（流）・宝生《ほうしょう》座（流）という流儀へと発展し、それぞれの座の出身のスターの太夫名の観阿弥・世阿弥・金春禅竹《こんぱるぜんちく》等の名を冠する名称へ変化していった。実は、その四座の発祥の地は京都ではなく、すべて奈良県内にある。これは、能（猿楽）が東大寺・興福寺などの大寺で執行された修正会《しゅしょうえ》や修二会《しゅにえ》で行われた寺院儀式を散楽者たちが代行して行い、それが後代に芸能化したことによる。「走り」や「咒師《しし》走《ばし》り」「呪師《じゅし》猿楽」と呼ばれたものである。その内容は、後の「式三番《しきさんば》」（翁猿楽）に連なる能楽の原初的な形態で、古くは鎌倉時代から興福寺や春日大社などに奉納されていたことが歴史的にも指摘されている。以下に大和猿楽四座の発祥の地を紹介していく。

結崎座（観世流）

「観世発祥之地」「面塚」は、磯城郡川西町結崎にある。川西市教育委員会が平成六年に作った「面塚　観世発祥の地」の説明板には、

いつの世の頃にか、この地に天から「翁の面とねぎ種」が降って来たとの伝承があり「面塚」と称した。伊賀の国小波多に座を創った観阿弥、世阿弥父子がこの地に移り、結崎座と称して芸道に精進した本拠の地の跡である。観阿弥父子はここより南都春日大社、興福寺の能に参勤し、その後京都今熊野の能において室町幕府の三代将軍足利義満に見出されその知遇を得て益々円熟の芸境に到達していくのである。大和にはこの結崎座の他に、円満井「金春」外山「宝生」坂戸「金剛」の三座があり、いずれも南都の能に参勤していた。これらを大和猿楽の四

座と称する。

とある。能を大成した観阿弥・世阿弥の親子の活躍があったればこその現在の能とも言える。また、観世流の能が時の為政者たちに愛されたことから、現在でも最も会員数の多い、大きな組織として存在している。『大和の伝説』にはこの説明板の内容以外にも次のような伝説が残っている。

面塚　磯城郡川西町結崎市場

この地に、昔、女神がおった。ある時、外国に出掛け、諸国を巡り、いざ帰国しようとしたが、女では帰国することができないので、能の面を造り、これをかぶって、男装となり帰国した。そのおり、急に空かき曇り、雷雨となった。村の人はみな逃げて帰り、雨の晴れるのを待っていた。雨が晴れて野に出ると、能の面とねぎの一束が落ちていた。村人は、これは女神のオツゲであると信じ、ねぎを畑に栽培してみると、よくできた。それからねぎを一心につくり、市場の名産となった。面は祭って面塚としてこれを敬った。

（山田熊夫『大和の伝説』（増補版）【昭和三十五年　高田十郎編　大和史蹟研究会】）

「翁の面とねぎ種」が天から降って来たとはにわかに信じがたいが、いつの頃よりかそのように伝承されてきたことが興味深い。江戸時代から大和平野一帯には葉ネギの種類の根深が広く栽培され、特に川西町結崎が産地として有名であった。「結崎根深」は柔らかく茎が折れやすいことから一時期市場から姿を消していたが、平成十四年に川西町商工会が中心になって町おこしの一環として復活に取り組み、農家やＪＡと協力して栽培と出荷が再開されるようになった。

坂戸座（金剛流）

「金剛流発祥之地」は生駒郡斑鳩町龍田一丁目龍田神社にある。平成九年二月斑鳩町制施行五十周年記念に斑鳩町と金剛流が連名で碑を建てた際の説明板には、

金剛流は、能楽シテ方の一流で、大和猿楽四座（結崎・円満井・外山・坂戸）のうちの坂戸座を源流とする。坂戸座は、その名称を法隆寺周辺部にあった古代郷で、おおむね現斑鳩町の並松《なみまつ》・五百井《いおい》・服部《はっとり》・竜田《たつた》・小吉田《こよしだ》・稲葉《いなば》車《くるま》瀬《せ》・神南《じんなん》付近を範囲とする坂戸郷に由来し、古刹法隆寺に所属して発展をみた猿楽の座である。中世の法隆寺付近には、法隆寺東郷・西郷が成立しており、その郷民たちの精神的紐帯として祀られた竜田神社を中心に竜《たつ》田市《たのいち》が栄えていた。「法隆寺々要日記」によれば、寛元元年（一二四三）にはこの市の守護神として、摂津西宮から夷神が勧請され、その祭礼に郷民自身による猿楽が盛んに演じられたとある。法隆寺付近の郷民たちは、竜田市の経済力を背景に、強固な自治的組織を生み育て、祭礼に彼ら自身が芸能を演じて楽しむとともに、彼らのなかで法隆寺に所属し、大和一円で活躍した専門の猿楽集団である坂戸座を育てたのである。よってここに金剛流発祥之地の碑を建てる。

坂戸座は法隆寺との関わりを強く持って発展した猿楽座で、坂戸孫太郎氏勝《うじかつ》を流祖とし、六世の三郎正明《まさあき》から「金剛」を名乗った。華麗・優美な芸風から「舞金剛」、装束や面の名品を多く所蔵することから「面金剛《めんこんごう》」などとも呼ばれる。豪快な芸風で知られた七世金剛氏正《うじまさ》は「鼻金剛《はなこんごう》」の異名を取り、中興の祖とされる。江戸初期に金剛流から喜多《きた》流が分派し能楽（シテ方）は「四座一流」と呼ばれるようになった。

円満井座（金春流）

「薪能金春発祥地」は奈良市登大路町興福寺西金堂跡にある。興福寺の広い境内の西より、南円堂と北円堂の間の西金堂跡の広場の北東隅に、境内の通路に面する形で「薪能金春発祥地」の白い石碑が建っている。薪能とは夏の夜、能楽堂や野外に設けられた能舞台の周囲にかがり火を焚いて演じる能楽のこと。この碑は昭和四十九年三月に廣瀬瑞弘氏が「能と金春」の上梓に伴って金春流や薪能保存会と相談して建てたものである。ちなみに揮毫は金春太夫秦信《のぶ》高《たか》。その碑文には、

　薪能は久しく薪猿楽と称し古くは薪咒師《しし》猿楽とも称せられ、貞観十二年興福寺西金堂《さいこんどう》の修二会が始行せられると薪迎と共に寺属の猿楽が参勤して修法の外想を表示することを代行し咒師走りと呼ばれた。後にこの猿楽は春日社にも参勤し秦河勝より直ぐに伝えられたと称する翁猿楽が行われ咒師走りの翁として薪猿楽はもとより大和猿楽芸の基をなしたものである。薪猿楽の座は円満井座。金春座を称し永く本座《ほんざ》として薪能やおん祭の能に奉仕し今日に至っている。

とある。薪能は平安時代中期に興福寺修二会に付随した神事として円満井座によって催されたのが最初とされる。現代では、各地の神社仏閣や公園などでも観光目的の薪能が催されるが、興福寺では他地域のものと区別して毎年五月第三金・土曜日に「薪御能《たきぎおのう》」と称して、観世・金春・金剛・宝生の四流で競演される薪能を行っている。また、金春座は他の多くの流派が本拠地を江戸や京都に移した中、長く奈良市高天付近に本拠地の屋敷を構えた唯一の座であり、金春座が春日若宮おん祭の埒明け《らちあけ》（金春太夫が祝詞を奏して御輿を柵から出す神事）を行うなどの特権を持っていた。なお、「埒が明かない」（物事が進展しないの意）の語源はこの神事からきているという説がある。奈良市では金春流の演能会が定期的に奈良県新公会堂で行われ、習っている人も多い。

外山《とび》座（宝生流）

「能楽宝生流発祥之地」は、桜井市外山の宗像神社にある。国道一六五号線の外山バス停近くに宗像神社があり、その境内入口向かって左側に昭和三十六年八月十日建立の「能楽宝生流発祥之地」の石碑がある。大和四座の発祥の石碑の中では最も古い。宝生流の祖は観阿弥の長兄「宝生太夫」で、宝生座は大和猿楽の外山座に加わり、多武峰寺（談山神社《たんざんじんじゃ》）や興福寺・春日大社との結びつきを強く発展した。後に外山座は座の中心的役者である宝生太夫の名を取って「宝生座（流）」と呼ばれるようになった。宝生流は戦国期には小田原の北条氏に保護され、江戸期には能を溺愛した江戸幕府五代将軍・徳川綱吉が贔屓にした。また、加賀の前田家の能も宝生流が中心であったことから「加賀宝生」と呼ばれ北陸地方でも大きな勢力を持つ。観世流に次ぐ第二の規模であり、重厚な芸風で謡を重視することから「謡宝生」とも呼ばれる。宝生流の発祥の地は、桜井市外山以外にも京田辺市の月読神社にも「宝生座発祥の地」の記念碑が建っている。

（西川学）

◇伝説地情報◇

結崎座（観世流）発祥之地…面塚（磯城郡川西町結崎）へのアクセス

近鉄橿原線結崎駅より南東に一・一㎞。

平成十七年に隣接して結崎面塚公園が造られた。毎年四月の第一土曜日に「さくらまつり」が実施される。

坂戸座（金剛流）発祥之地…龍田神社（生駒郡斑鳩町龍田）へのアクセス

ＪＲ大和路線法隆寺駅より北西に二㎞。毎年九月二十二日に上宮遺跡公園で「太子ロマン斑鳩の里観月祭」が行なわれ、その時に金剛流の里帰り公演が行なわれる。

円満井座（金春流）発祥之地…興福寺西金堂跡（奈良市登大路町）へのアクセス

近鉄奈良線奈良駅より南東に二〇〇ｍ。「薪御能」は毎年五月の第三金・土曜日、春日大社、興福寺で行なわれる。

外山《とび》座（宝生流）発祥之地…宗像神社（桜井市外山）へのアクセス

ＪＲ近鉄桜井駅南口より奈良交通バスで外山下車すぐ。近鉄大阪線大和朝倉駅より南西に一・六㎞。

毎年十月第三土曜日に桜井市民会館で土舞台顕彰記念篝《かがり》能が行なわれる。また、平成二十四年より談山神社（桜井市多武峰）で談山能も開かれるようになった。

9 今井町の今西家　橿原市今井町

元和元年四月二十六日、大坂勢が大和地方へ進軍し、百済南郷寺や田辺辺りを焼き払い、この今井郷へ押し寄せて火を放とうと致しました。しかし川合与治兵衛が町の西口で軍を構えて立ち働き大坂勢の侵入を防ぎました。

元和六年より今井町は、郡山城主松平下総守さまの御支配地となりましたが、翌元和七年に私の所にお出でましになりまして、与治兵衛の働きを御聴聞なされ、いたくお褒めになりました。そのとき今井郷の西口に居を構えておりましたので、以後川合を改めて今西の苗字を名乗るようにとの仰せをいただきました。その上脇差しを拝領致したとのことですが、現在も私の家にそれを所持しております。そしてそのとき今井の町場について惣年寄の役務につくようお命じになりました。そのときより私どもは今井の惣年寄の役を勤めております。

◇伝説探訪◇

今西家と今井町

右の話は、近世「大和の金は今井に七分」と称された商業都市・今井（現・橿原市今井町）の惣年寄であった今西家にまつわるもので、苗字を川合から今西に改めた経緯と今西家が惣年寄を勤めるに至ったいきさつについて語った話である。当該家に伝わる寛政十二年四月の「苗字之訳御尋ニ付申上候書付」という古文書の一部を現代語になおして示した。

この古文書の奥付には「高市郡今井町惣年寄　今西与治兵衛」の署名があるが、むろん記録中で言われている「与

今井町の航空写真（提供：橿原市教育委員会　平成22年撮影）

治兵衛」とは異なる。なぜならば、文書中で大阪勢の攻撃のあったとされる元和元年は西暦では一六一五年だが、この記録が書かれた寛政十二年は一八〇〇年にあたり、両者の間には一六五年の開きがあるからである。したがって、この話は言うならば、寛政十二年時点で今西家に伝えられていたところの家伝であったということになる。ちなみに元和への改元は七月十三日のことであり、四月の段階ではまだ慶長二十年であった。

ここに言う大坂勢とは、大坂夏の陣における豊臣方のことである。慶長二十年四月二十六日、たしかに豊臣方の武将・太田治房らが筒井定慶の守る大和郡山城を攻め、付近の村々に火を着けるということがあった。歴史に言う「郡山城の戦い」である。冒頭に掲げた記録は、明らかにこの史実を背景にしている。

ところで今井町は、いわゆる寺内町として形成・発展してきた町であった。その中心となった寺は称

念寺で、ここは一向宗である。『大和軍記』に

今井村と申す所ハ兵部と申す一向坊主の取り立て申す新地にて候。此兵部器量のものにて四町四方に堀を掘り廻し土手を築き、内に町割をいたし、方々より人をあつめ家をつくらせ、国中へ商等いたさせ、又ハ牢人をよひあつめ置申候。（句読点、適宜表記を現代仮名遣いに改めた）

とある。ここに出る「兵部」については、天文十三年（一五四四）の元旦に本願寺証如のもとに集まった一家衆の一人に今井兵部卿豊寿の名があり、それに当たると考えられている。また天文年間に本願寺の人々がしばしば今井に宿泊した記録が残っていることから見て、このころにはすでにこの地に道場があったと思われる。

今西家と織田信長

今井郷は、堺にならぶ商業都市だったが、このように一向宗の寺を中心とした城郭都市でもあったから、信長の一向攻めでは本願寺側につくことになった。『大和軍記』は

然る処に大坂一向の門跡に光佐と申す仁被居候て対信長公逆意の刻、右の兵部も於今井一揆を発し近辺を放火し相働き候を信長公より筒井順慶と明智日向守殿を被仰付御攻させ候。両将仕寄にて半年計も被攻候得とも終に落去不仕。剰へ明智殿手先なと処へ夜討等仕強き働き其仕候。然れ共大坂扱に成り申す故、今井も扱に成り、矢倉等をおろさせ兵部ハ其ま、信長公御赦免に御立置候。彌先規に不相替今井の支配仕宗門相続仕候様にと信長公御朱印を給り（句読点、適宜表記を現代仮名遣いに改めた）

と記す。冒頭「大坂一向の門跡に光佐と申す仁」とは本願寺第十一世顕如のことである。この資料によれば、今井の兵部も本願寺側にたって周辺の村々を焼いた。信長は筒井順慶と明智光秀に命じて今井を攻めさせるが、今井側は夜

討ちなどによって頑強に抵抗し、攻城半年に及んでも落とすことができなかった。結局、本願寺側が敗退したときに今井も信長に降ることになった。しかし、信長はただちに赦免状を発して、今井の支配と信仰の相続を許した、という。信長の赦免状は今に伝えられていて、右の内容は資料的な裏付けを持っている。

なお、今西家の伝承によれば、このとき信長は、今井郷の周囲にあった三重の掘り割りを二つまで埋めさせたという。また天正三年春信長は今井を訪れ、奮闘を称えるとともに時の今西家当主今西与次衛正冬に刀をはじめ様々な褒美を与えたという。このとき信長の本陣は今井町の西端、今西家の南隣にあったとされる。後の記録ではあるが、『旧蹟取調書並ニ図面』(明治三十二年、今井町役場)には

天正三年亥年春将軍織田信長公御入ニナリ、時ノ当主今西与次衛正冬へ御褒美トシテ種々ノ物品ヲ下賜セラレタリ、其後同家ハ八ツ棟ト唱ヘ本陣跡今ハ畑地トナリタルモ、其裔現主今西元次郎所有セリ

とある。じつは、この史料に言う「今西与次衛正冬」こそが冒頭に示した記録に言う「川合与治兵衛」であった。

今西家のはじまり

今西家は、古代より大和の地に勢力を持った十市氏の後裔で、南北朝時代の十市城主十市遠武の次男直武を祖とする。彼は、大和国広瀬郡河合町の広瀬神社の神主・樋口大夫正之の養子となって河合城を築き、河合民部少輔中原遠正と称した。冒頭資料の「今西与次衛正冬」はそれから五代目の人でもとは河合権兵衛尉清長と称し、別の名を川合長左衛門正冬とも言った。

河合清長は、戦国時代十市氏の有力家臣の一人であったらしい。戦国時代の十市氏は、天正年間ころの遠忠そしてその子・遠勝のころに勢力を強めたが、遠勝の死後は嗣子がなかったこともあって、十市家は二つの派に分裂してい

た。すなわち一つは娘の御料とその母後室を奉じて松永久秀に頼ろうとした松永派で、もう一つはそのころ大和で勢力を持っていた筒井順慶に応じようとした筒井派である。このとき今西の祖河合清長は、松永派に連なる立場にあった。興福寺英俊の『多聞院日記』永禄十二年（一五六九）十二月九日の記事に、

昨日筒井衆・寺衆以下五百計十市城へ入了、曖破了、則河合権兵衛、伊源、田中源一郎、川嶋藤五郎、上田源八郎、森本喜三、此六人ハ可渡旨誓帋之衆之間、昨日今井迄取離了、咲止〃〃

とあって、十市城へ筒井の兵が五百人ばかり入城し、松永派は開城の誓紙を渡して、今井へ去ったことが記されている。冒頭に示した今西家の資料「苗字之訳御尋ニ付申上候書付」には、

今西家住宅

三代目川合長大夫勝正、文明六甲午年五月牢士ト成リ、十市城下ニ住仕候、四代目川合助右衛門尉正治、永禄九年丙寅年二月今井江引越申候

とあって、今西家の祖、遠正から三代目の勝正が「牢人」（主家を離れたもしくは失った武士）となって十市城下に住み、さらに四代目にあたる正治の時代の永禄九年（一五六六）二月に今井に移り住んだと記されている。先の『多聞院日記』の記事と併せると、どうも永禄のこのころ、今西家は今井へ入ったらしいことが推察できる。

今西家住宅

ところで、今日の今井町は江戸時代の家屋が多く残ることで著名である。町内には数多くの民家が重要文化財に指定されており、今西家住宅もその一つである。今西家は、棟札から慶安三年（一六五〇）の建築であることがわかっており、奈良県下で最も古い民家群に属する。西側から見ると屋根が複雑に重なっているように見えこれを「八ツ棟」と称した。これにより西側からは城のごとく堅固な建物に映るわけで、今井郷の西口の守りにふさわしい構えといえる。内部には広い土間があってそれに沿って二列・三間が設えられている。この土間は、裁判の際のいわゆる「白洲」として使用されたと言い、また土間の上北側には、二間に仕切られたいわゆるツシ二階があって、ここは「いぶし牢」（煙で罪人を責める部屋）であったと伝えられている。今西家は、代々惣年寄の任を担ってきたが、その役目は今井郷内六町の統括と公事に関わる一切、そして死罪以外の裁判などがあり、そのため内部の作りはそれにふさわしい形式を持っているわけである。

今西家は、今井郷に古くから居住し、町の成立と発展に深く関わってきた家筋であり、他に惣年寄を勤めた上田家や尾崎家などとともに今井町を語る上では決して外すことのできない重要な位置にあるといえるだろう。（橋本章彦）

◇伝説地情報◇

今西家

拝観料　大人四〇〇円　小人（中学生以下）二〇〇円

拝観時間　一〇時～一七時（一二時～一三時は閉館）

休館日　月曜日
拝観には事前の連絡が必要
〇七四四（二五）三三八八　公益財団法人　十市県主今西家保存会

今井町まちなみ交流センター　華甍（はないらか）見学

高速道路西名阪　郡山インターから国道24号線で約20分
南阪奈道路美原ＪＣＴから約20分（高田バイパス今井出口）
ＪＲ万葉まほろば線　畝傍駅下車　徒歩8分
近鉄橿原線　八木西口駅下車　徒歩5分
近鉄大阪線　大和八木下車　徒歩10分
休館日　月曜日（月曜日が祝祭日の場合は翌日）、年末年始
開館時間　午前九時～午後五時（入館は午後四時三十分まで）
入館料　無料
駐車場　休業日（十二月二十五日～一月五日）
住所　奈良県橿原市今井町2丁目3番5号
電話・ＦＡＸ　０７４４―２４―８７１９

アクセス

所在地　奈良県橿原市今井町三丁目九番二十五号
近鉄橿原線八木西口下車西へ10分

10 近世の山城・高取城

高市郡高取町高取

高取城の「猿石」と「一升坂」

高取城の旧二の門跡から北西方向に降《くだ》った所には山城では珍しい水堀が残っている。この水堀から少し降った所に「猿石」がある。大きな耳と眼鏡のような大きな目が特徴で、下方には陽物も表示されている。欽明天皇陵《きんめいてんのうりょう》近くの陵《りょう》内の四体の「猿石」と同様なものであるから、当地から運ばれてきたものと考えられているが、本格的な石垣を持つ城郭として築造された織豊期《しょくほうき》には、寺院《じいん》礎石《そせき》や古墳の石棺《せっかん》、石塔《せきとう》等が石垣利用の目的で大和国内から大量に集められていた。この「猿石」もそういった石材の一つとみられているが、この場所に置かれたのは、呪術的な目的があったのかもしれない。別の伝説では高取城主の威力を示すために飛鳥地方から搬入したとも言われている。

なお、高取城石垣には天守台石垣をはじめ、具足櫓《ぐそくやぐら》（武具の具足を納めた櫓）台、煙硝櫓《えんしょうやぐら》台等の石垣には古墳石棺等の転用石が確認されて

高取城水堀

高取城の「猿石」

いる。

「猿石」の場所から北西に降ると急な坂となる。この辺りの坂を「一升坂《いっしょうざか》」と称するのは、築城の石材運びの人夫に石材を運び終えたら日当を「米で一升《いっしょう》増すぞ」と激励したことから、この名が付いたと言われている。なお、「一升坂」周辺に竹林があるのは戦時の際、坂道に竹皮を敷いて敵方を滑らせて容易に攻め込ませない用意のためと伝承されている。

◇伝説探訪◇

「巽高取《たつみたかとり》雪かと見れば雪でござらぬ土佐の城」と謡われた高取城は、標高五八三メートルの南大和の高取山に、白漆喰《しっくい》塗り三階の天守閣が聳《そび》え、小天守や煙硝櫓《えんしょうやぐら》（火薬を収納する櫓）等を二階の多聞櫓《たもんやぐら》（石垣の上に築造された長屋造りの城壁風櫓）で連結する連立式の堂々たる城郭であった。なお、「土佐の城」の「土佐」とは、高取の旧名である。ちなみに、高取の城下から高取山の比高《ひこう》は三九〇メートルである。

近世の主たる城主は徳川《とくがわ》将軍《しょうぐん》家《け》譜代《ふだい》の植村氏（二万五千石）であった。城《しろ》跡《あと》は広義《こうぎ》には一・五キロメートル×一・六キロメートルという広域に及び、国指定史跡となっている。近世城郭《きんせいじょうかく》の本丸跡、二ノ丸跡を中心に、主要部は石垣で固められているが、周辺には中世からの石垣を用いない土造りの郭《くるわ》がいくつか残存する。

近世には山間部に城郭《じょうかく》が築かれることは少なく、このため高取城は、備《びっ》中《ちゅう》（岡山県）の松山城、美濃《みの》（岐阜県）の岩村城と共に日本三大山城《さんだいやましろ》の一つに

越智氏略系図

- 家広（高取城主）
  - 家頼（高取城主）―家高（自害）
  - 家増（貝吹城主）＝家秀（養子）―頼秀

畠山氏略系図

- 満家
  - 持国―義就―基家（義豊）―義英
  - 持富―政長―尚順―稙長

数えられている。

高取城《たかとりじょう》は、近世の山城として知られているが、南北朝期《なんぼくちょうき》から大和の国衆《くにしゅう》、越智氏《おちし》によって築城《ちくじょう》されたと伝えられている。

高取城《たかとりじょう》の伝説としては、室町期に畠山氏《はたけやまし》の内紛期《ないふんき》の戦闘で使われたこと。戦国期《せんごくき》の永禄《えいろく》六年（一五六三）に越智《おち》氏《し》と松永久秀《まつながひさひで》の間で高取城《たかとりじょう》の争奪戦《そうだつせん》が行われたこと。元亀《げんき》二年（一五七一）に高取城主の越智惣領家《おちそうりょうけ》が、庶流家《しょりゅうけ》によって自害に追い込まれたこと。慶長《けいちょう》五年（一六〇〇）の関ヶ原の戦いの際、徳川家の当時の城主本多《ほんだ》氏を、石田三《いしだみつ》成方《なりがた》が攻めて落城させようとしたが、失敗したことなどが挙げられる。

高取城と関ケ原の戦い

高取城に関わる戦闘では、慶長五年（一六〇〇）の関ケ原の戦い時のものが伝承されている。当時の城主は本多氏《ほんだし》であったが、当主が家康の会津攻めに従軍していた隙《すき》をついて、石田三成に与《くみ》する二千の兵が攻めたてたという。石田方は夜中に甲賀忍者を忍び込ませて城を焼き討ちで落とそうとするも、城方に気付かれたため、昼間の力攻めに変更したという。しかし、城方の地形を巧みに利用した防備の上に、大木や大石をさらに積み上げて敵が近付けば、大木や大石を転がせたため、城攻めをあきらめて退却したという。

高取城と天誅組の変

高取城下の戦闘としては、幕末の文久三年（一八六三）八月の天誅組《てんちゅうぐみ》の変が知られている。大和五條で討幕《とうばく》の兵を挙げた天誅組《てんちゅうぐみ》は、大和十津川郷の郷士《ごうし》や郷民《ごうみん》等約千人の募兵《ぼへい》の後、高取藩を攻めようとした。高取藩は城下麓の鳥ヶ峰（現在の高取町役場周辺）に城兵四〇〇余のうち二〇〇余を配置して陣を構えたという。人数の上からは高取藩は天誅組に比べてはるかに劣勢であったが、高取藩は鳥ヶ峰に大砲を四門ほど装備していた。伝承によれば、これらの大砲とは、大坂の陣で徳川方が大坂城攻めに使用したもので、家康から植村家へ与えられたものとされている。

しかし、二門は砲弾が破裂する榴弾砲《りゅうだんほう》であったとされるから、幕末に高取藩が独自に購入していたオランダ式の大砲であったと思われる。このオランダ式大砲の破裂弾《はれつだん》によって、天誅組は壊滅して敗走した。なお、伝承のように大坂の陣の大砲が本当に使用されたか否かは定かではない。ところで、高取藩の大砲は鳥ヶ峰以外の布陣で七門配置されたとされるから、全体で十一門あったことになる。

高取城の歴史

南北朝期から室町・戦国期の高取城

現在の高取城跡は、織豊期と近世の石垣を擁する本格的城郭になった遺跡であるが、すでに中世から城郭は存在したことは文献に明らかである。南北朝期に南朝方に属した国衆、越智邦澄《おちくにずみ》によって築城されたと伝えられるが、確実な文献では永正八年（一五一一）の『祐園記抄』に「ツボ坂并タカトリ山ノ城」とあるのが初見である。

この頃、室町幕府の三管領《かんれい》家の一家、畠山家は、義就《よしなり》とその従兄弟の政長《まさなが》との間で紛争が起き、これが応仁の乱の引き金の一つになったことはよく知られている。ところが、応仁の乱が終わっても、畠山家の内紛は、これらの家系で継承される。高取城の初見史料の永正八年の頃は、畠山義就《よしなり》の孫義英《よしひで》、畠山政長《まさなが》の子尚順《ひさのぶ》との争いになっていた。高取城主の越智氏は畠山義英の配下として、尚順《ひさのぶ》方と戦っていた。

時代が降《くだ》って、天文元年（一五三二）七月に一向一揆勢に追われた興福寺寺僧等が高取城に避難し、一揆勢が高取城を攻めるも、越智方が八月にこれを撃退している。

天文八年（一五三九）の初春に高取城において金春禅鳳《こんぱるぜんぽう》の自筆本から謡曲「芭蕉」が書き写されている。これらのことから、高取城は高い防御性のある山城のみならず、領域支配の拠点として平時にも機能していたことを暗示させる。

松永久秀と織豊期の高取城

永禄六年（一五六三）一月に戦国の梟雄《きょうゆう》として知られる松永久秀が大和へ勢力を伸ばし、多武峰《とうのみね》で合戦をし敗北して壷坂《つぼさか》まで引き退いているので、越智氏《おちし》の高取城も松永久秀《ひさひで》との争乱の舞台となっていたことがわかる。永禄《えいろく》六年一月から七月の間に越智氏《おちし》は高取城を奪い返したものの、その直後に松永久秀《ひさひで》方に再占拠された可能性もあるように、城は争奪の場になっていた。高取城は、大和の平野部と吉野地方を繋《つな》ぐ要地であった。

永禄《えいろく》期後半には越智《おち》氏は、高取城による拠る惣領家《そうりょうけ》と、山麓の貝吹山城《かいぶきやまじょう》に拠《よ》る庶流家《しょりゅうけ》と一族で分割支配をするようになったが、久秀《ひさひで》の介入によって、一族で争うようになった。久秀方についた惣領家《そうりょうけ》は一時的に勢力を伸ばすものの、元亀《げんき》二年（一五七一）九月に越智氏《おちし》の庶流家《しょりゅうけ》は、惣領家《そうりょうけ》を高取城において妻子共に自害させるに至る。まさに下剋上《げこくじょう》を表わす話である。

天正八年（一五八〇）八月の織田信長の大和一国破城令《やまといっこくはじょうれい》によって、高取城も廃城《はいじょう》に追い込まれる。ところが、信長によって大和《やまと》の支配権を認められた筒井順慶《つついじゅんけい》は、本城郡山城《こおりやまじょう》以外に高取城を拠点城郭《きょてんじょうかく》に用意していたことが天正十二年（一五八四）二月の『多聞院日記《たもんいんにっき》』の記事に見えることから、改修をしていたことが類推《るいすい》される。これは天正十年（一五八五）六月の本能寺の変の後であるから、順慶《じゅんけい》が、勢力を増しつつあった秀吉の下での城郭改修《じょうかくかいしゅう》をしていたことがわかる。織豊期《しょくほうき》の高取城の改修としては、順慶によるものが最初と思われる。

順慶の死後、天正十三年閏《うるう》八月に順慶の子、定次《さだつぐ》は伊賀へ国替えとなるので、豊臣秀吉の弟、秀長が紀伊・和泉・大和の支配を任され、大和国では郡山城、高取城、秋山城（後の松山城）が領国支配の拠点として整備されていった。秀長の時代に脇坂安治《わきさかやすはる》や本多利久《ほんだとしひさ》が高取城主になったとされているが、実態はよくわかっていない。秀長は天正十九年（一五九一）正月に死去し、その後継として養子の秀保《ひでやす》（秀長の甥）がなるものの、文禄《ぶんろく》三年（一四九四）四月に死去し、郡山城は同年に秀吉の五奉行《ごぶぎょう》の一人、増田長盛《ましたながもり》が領主として入城する。この頃の高取城は、本多利久の子、俊政《としまさ》が秀吉から一万五千石を与えられて在城していたという。

近世の高取城

関ケ原の戦いの際に、本多俊政《ほんだとしまさ》は東軍に属し、徳川家康から一万石を加増され、二万五千石となっていた。三代目の政武《まさたけ》は寛永《かんえい》一四年（一六三七）に嗣子《けいし》なく死去し、高取城主の本多家は絶家となり、高取城はしばらく主を失う。

寛永《かんえい》十七年（一六四〇）に譜代《ふだい》の植村家政《うえむらいえまさ》が入城して二ノ丸に屋敷を構え、家臣も城内に屋敷を与えられて居住した。しかし、山城の居住は不便なため、数年後に山麓の下子島《しもこじま》に藩主の下屋敷が造られて山城から降りたため、家臣も次々と山を降りて山麓《さんろく》の城下町の土佐から下子島《しもこじま》にかけて武家屋敷が並ぶようになったという。

高取城には一部の家臣が城番として詰めるのみとなった。高取城内はほとんど空屋敷《からやしき》となったが、幕府からは許可を受けることなく城の改修ができる「常普請《じょうぶしん》」を認められていたので、城の補修を継続して明治維新まで城の全容を保つことができた。

狭義《きょうぎ》の城内は壷阪口門《つぼさかぐちもん》・吉野口門・二ノ門の内側で、これを「城内」と呼び、石垣で固められていた。また、城内に点在する全ての郭《くるわ》を含む広義《こうぎ》の城郭を「郭内《くるわない》」と呼んでいる。この「郭内《くるわない》」には北の「横垣郭《よこがきくるわ》」、北西の「岩屋郭《いわやくるわ》」、南西の「八幡郭《はちまんくるわ》」、南東の「赤土郭《あかつちくるわ》」などの中世城郭を踏襲《とうしゅう》した土造りの郭《くるわ》が残存している。

なお、城下の小嶋寺の山門は、高取城の二の門を移築したものである。

（岩倉哲夫）

◇伝説地情報◇

高取城跡へのアクセス

近鉄奈良線壷阪山駅下車、徒歩で城下の子嶋寺を経て約二時間三十分。

近鉄奈良線壷阪山駅下車、奈良交通バス壷阪寺前行乗車、壷阪寺前で下車。徒歩約一時間。

自動車利用の場合、壷阪寺駐車場（有料）　営業時間八時三十分～十七時。

壷阪寺は西国三十三カ所六番札所として知られ、室町期の三重塔、礼堂は国の重要文化財である。

壷阪寺と高取城跡の間で、壷阪寺東方三百メートル余の奥院と呼ばれる香高山《こうこうさん》に五百羅漢《ごひゃくらかん》の磨崖仏《まがいぶつ》がある。

11 芝村騒動と耳成山　橿原市木原町ほか

大和三山の一つ、耳成山《みみなしやま》はかつて天神山とも呼ばれ、その山中には耳成山口神社が鎮座し、高御産巣日神《たかみむすびのかみ》と大山《おおやま》祇神《つみのかみ》の二柱が祀られている。大和国の山口社六社の一つで、『日本三代実録』に「畝火《うねび》山口神」などと共に「耳成山口神」の名がみえる。天神信仰により天神宮とも呼ばれ、五穀豊穣を願った雨乞い神事として松明をかざして参詣祈願した名残を「火振り坂」という古称に見出すことができる。

宝暦三年（一七五三）十月、重い年貢に耐えかねた十市郡《といちぐん》の九村の村役人がこの天神宮で箱訴の協議をし、京都町奉行所に訴えた。ところが彼らの行為は強訴と見なされ、拷問のすえに病死した者や島流しとなった者など多くの犠牲者が出た。世にいう「芝村騒動」である。

耳成山口神社

◇伝説探訪◇

「芝村騒動」の背景には、徳川幕府の財政難により、八代将軍吉宗のときに実施された享保の改革があげられる。時の勘定奉行・神尾《かんお》春央《はるひで》の「胡麻の油と百姓は絞れば絞るほど出るものなり」という発言に象徴されるように、年貢の取り立ては厳しさを増し、比較的年貢が緩やかであった天領においても、収奪ともいえる年貢徴収が行われた。

幕府は、経費削減のため天領の年貢徴収を近隣の大名に行わせるという御預所《おあずかりしょ》（預り地）という制度を実施し、大和では天領約二十万石のうち十五万石が芝村藩をはじめ、高取藩、藤堂藩に預けられた。

芝村藩は、織田信長の弟織田有楽斎《うらくさい》が大和に賜った三万石の所領のうち一万石を四男長政が相続したことにより始まる藩である。七代藩主輔宣《すけよし》の治世中の元文二年（一七三七）、大和・摂津の天領一万三千石を預かり、その後預り地は八万九千七十六石にまで増加した。これは同藩が年貢取り立てに熱心であったことによるもので、幕府が褒賞するほどだった。この預り地の中に、のちに芝村騒動を起こす村々が内在していた。

元和五年（一六一九）、松平忠明《ただあきら》が大坂城から大和郡山十二万石の大名として統治することとなった。忠明は十五万石格の軍役を勤めるために、領内の石高を二割半水増しした。ただこの増加分は帳簿上の土地であって耕作地ではないため、本年貢は課されなかった。

芝村藩の預り地とされた村々のうち、元郡山藩領であった村々はこの帳簿上水増しされた土地（増高無地）を抱えていた。しかし、芝村藩は増高無地にも年貢を徴収したため、実年貢率は九割を超えることもあった。そのため百姓は家財や衣類まで処分して年貢を払わねばならず、着の身着のままの生活を強いられた。

毎年の年貢は、検見《けみ》（坪刈りで作柄を調べる）により決めるのが常で、凶作時には減免された。ところが宝暦三年は凶作だったにも関わらず、芝村藩はまともな検見を行うことなく高年貢をかけてきた。この仕打ちに激昂した十市郡の木原・葛本《くずもと》・常盤・内膳《ないぜん》・新賀《しんが》・石原田・膳夫《かしわで》・下八釣《しもやとり》（以上橿原市）・吉備《きび》（桜井市）の九村の百姓たちは不作であることを証明するために稲刈りを拒み、京都町奉行所に箱訴した。

箱訴自体は違法ではないものの九村で示し合わせ、稲刈りを怠ったことが違法行為と見なされた。年の暮れ、四村の村役人や百姓二十二名が江戸に召し出された。

正月、江戸に到着した一行には勘定奉行からの厳しい吟味《ぎんみ》が待ち受けていた。しかし彼らは「我等《われら》一切不存《いっさいぞんぜず》候《そうろう》」と否認する。その後も「私シ共《わたしども》一切不存《いっさいぞんぜず》」と口を割らないため入牢者は増え、厳しい拷問が行われた。閏《うるう》二月、ついに最初の犠牲者が出た（「宝暦箱訴一件御吟味次第書」『橿原市史』史料第三巻所収）。

吟味の対象は十市郡だけでなく式下郡や葛下郡にまで拡大し、江戸に召し出されたのは三十三村、総勢二百二十一名にもなった。すべて郡山藩領から天領とされ、増高無地を抱えたまま芝村藩の預り所となった村々である。

最終的に獄中死同然に病死（瀕死状態で釈放）した者は三十七名に上った。目を惹くのが「中村久兵衛、宿ニ而《て》痛死致候」という記述で、他は「病死」とあるのに久兵衛だけが「痛死」となっていた。『大和人物志』に「里民負担に堪へしかば、久兵衛これを憂ひ、附近の諸里正らと謀り」とあることから、訴えを行った九村の庄屋らと通じており、葛下郡の中心人物と見なされたものと考えられる。「卯の花を紅に染めてわれゆかん友草はぐむ露となれかし」という辞世の歌が残されている。

宝暦五年八月、一年八カ月にも及ぶ吟味の末、死罪一名、流罪（八丈島・三宅島・新島）四名、追放三十二名という厳しい仕置がなされた。

（上島秀友）

◇伝説地情報◇

耳成山へのアクセス
近鉄八木駅下車、耳成山登山口・耳成山口神社参道入り口まで徒歩18分。
八木札の辻交流館　近鉄八木駅下車、徒歩7分。
（この付近に吉田松陰と交流のあった儒家・谷三山の生家があるが開放されていない）

谷三山顕彰碑（今井まちなみ交流センター内）へのアクセス

近鉄八木西口駅下車、徒歩7分。

浄教寺へのアクセス

近鉄新ノ口駅下車、徒歩14分。

12 香久山と耳成山の狐の民話　橿原市

耳成山のあたりでは大晦日のころになると、真夜中に山の中腹にパッと火がともったように見えることがあった。点いたり消えたりしながら山頂まで火が移動し、消えてしまうのだという。地元では有名な話で、何人かずつ連れだって見物する人も多かった。火が一つともると「やかましい言うたらあかん」と言って、静かに見たのだそうだ。これを「狐の嫁入り」と言って、狐が駕籠に乗って行くのだともいうが、実際には駕籠などは見えないし、狐の嫁入りかどうかもよくわからないけれども、そういうことが毎年あって、誰かが見に行ったものだ、という。

◇伝説探訪◇

近鉄大和八木駅、もしくは耳成駅から歩いて十数分。閑静な住宅街のなかに突然、小さな山が出現する。大和三山のひとつ、耳成山である。

耳成山は、その秀麗な山姿で古くから人々に愛されてきた。標高は約一三九メートルだが、ふもとからの高さは実質八十メートルほど。山頂までゆっくり歩いても二十分程度である。八合目にある耳成山口神社の案内板に「さぞ楽々遊山でお越し頂いたのではと拝察いたします。でも大変お疲れ様でした」と書いてあるとおり、なだらかな山道は近隣住人の気軽な散策コースになっている。

山口神社は、もとは名のとおり登山口に創建されたと思われる。しかし以前は天神社と呼ばれて地元の崇敬をうけ、山全体も「天神山」と呼ばれていた。拝殿には嘉永七年（一八五四）の算額が奉納されている。算額とは、和算学者たちが自分たちの考案した設問、解法を絵馬の形式に描いて奉納したもの。当時のたかい文化意識がうかがえる。

耳成山

現在では周辺の開発がすすみ、山で出会える動物というと神社に住みついたネコくらいだが、昭和三十年頃までは田んぼが広がり、キツネやタヌキの姿も見られたそうだ。地元では狐が産婆さんに化けてお産を手伝った話や、化かされて重箱のご馳走を盗まれた話などとともに、大晦日のころ「狐の嫁入り」を見た、という話が伝わっている。

同じ大和三山に数えられる天香久山にもやはり「狐の嫁入り」の伝承がある。こちらでは旧正月三日に見られたという。提灯（狐火）の数が多いと豊作、少ないと不作と言われ、単なる季節の風物詩というだけではなかったようだ。江戸時代に有名だった「王子の狐火」の伝承でも、毎年大晦日に関東中の狐が王子稲荷（現、東京都北区）に参詣するため狐火をともしたといい、見物客はやはり翌年の吉凶を占ったという。

日本で一番大きな国語辞典、『日本国語大辞典［第二版］』（小学館）で「狐の嫁入り」を調べると、

①　夜、山野で狐火が連なっているのを、狐が嫁入りする行列の提灯と見ていったもの。

②　日が照っているのに、小雨の降ること。日照雨。

とふたつの意味がのっている。②は、天気雨、日和雨ともいい、『譬喩《たとえ》尽《づくし》』（一七八七年成立）という江戸時代のことわざを集めた本に「狐の嫁入り　照て降る雨をいふ」とある。今では②のほうが有名だが、柳田國男《やなぎたくにお》は、①の狐

火から翌年の吉凶を占う風習が古く、それが松明をともす嫁入り行列と見立てられたのが始まりと推測している。その後狐が人を化かすイメージから、転用されて不安定な天候をさすようになったのだろう。

耳成山周辺は、宝暦三年（一七五三）におきた芝村騒動の中心地でもある。これは当時、十市郡で芝村藩預かりになっていた幕府直轄の九ヶ村が、減免を訴えるも取りあげられず、ついに京都町奉行所へ箱訴（目安箱への投書）を敢行した結果、七十名を超える死者、追放者を出しながら減免を果たした事件である。「大和豊年、米食わず」という言葉があるが、大和平野は温暖な気候に恵まれるものの雨がすくなく、大和が豊年の年には周辺は水害になる、というほど水利に差があった。年の瀬に狐火を見まもる人々には、来年の豊作を祈る、村の儀礼としての意味合いもあった。

国際日本文化研究センター所蔵『怪物画本』「狐火」

ところで、狐が人を化かす話は中国に多く、各国の帝をたぶらかして国を傾けた九尾狐の話は日本や韓国でも有名である。日本でも唐代小説や白居易の詩を通じて、狐の変化がよく知られていたらしい。平安時代初期の仏教説話集『日本霊異記』上巻第二話にも、狐の化けた女と結婚した男の話がある。いわゆる「狐女房」型の話で、安倍晴明の出生を語る浄瑠璃『信太妻』につながるように、狐は女性に化けると考えられた。「狐の嫁入り」にも、おそらくそうした狐のイメージが影響している。「狐火」の伝承もかなり古いようだ。「狐火」という言葉は出ないが、狐と火を結びつける伝承に、『宇治拾遺物語』第五十二話「狐、家に火を付ける事」がある。ここでは矢で射られた狐が仕返しに松明をくわえて来て家を焼いてしまう。また、有名な高山寺本『鳥獣人物戯画』甲巻（いわゆる「鳥獣戯画」）にも、狐がしっぽに火をつけてあたりを照らしている図が描かれている。

言葉として「狐火」があらわれる例は、先の『日本国語大辞典』で、十五世紀の貴族日記『実隆公記《さねたかこうき》』長享二年（一四八八）二月二日記事が指摘されている。それによると、当時の左大臣、徳大寺実淳《とくだいじさねあつ》が近江から帰京する途中夜になり、野原で狐火に遭遇して道に迷ってしまったという。中世の貴族が、昔話と同じような目にあっているのがおもしろい。

貝原益軒が著した『大和本草《やまとほんぞう》』（一七〇九年刊行）の「狐」の項目には「其の口気を吹けば火の如し。狐火と云」とあり、一般に狐火は「狐が口から吹く」ものだと思われている。ただし、管見の絵画資料では口から火を吹く図は少数派。尾に火をともすタイプか、松明をくわえたタイプのどちらかで描かれる場合が多く、『宇治拾遺物語』や『鳥獣戯画』以来の伝統を感じさせる。

『図説俳句大歳時記　冬』（角川書店）でも「狐火」は冬の季語として登録されており、次のような句が知られている。

狐火や髑髏に雨のたまる夜に　　与謝蕪村
狐火にたゞ街道のあるばかり　　阿波野青畝

青畝《せいほ》は橿原市の南、高取町出身の俳人で、幼いころ実際に狐火を見た記憶があるという。ちなみに耳成山からほど近い、現在の大和八木駅周辺は、横大路（伊勢街道・初瀬街道・大坂街道）と下ツ道（中街道・八木街道・吉野街道）が交差するかつての要所でもあった。往来が多いため旅籠や商家が栄え、高札のかかる「札の辻」などの古い町並みが今も残されている。耳成山からの下山ついでに散策してみるのもよいだろう。

暗闇のなか、正体不明の光が明滅したり、移動したりする。その不思議な光景を人々が「狐火」や「狐の嫁入り」と呼んだ背景には、さまざまな伝承が影響していた。郷土の伝承は単なる迷信ではなく、日本文化の流れを知る手がかりなのだ。

（久留島元）

◇伝説地情報◇

耳成山へのアクセス

奈良県橿原市木原町

最寄り駅は近鉄大阪線耳成駅、または大和八木駅。

山の南側は耳成山公園。山頂まではなだらかなハイキングコースになっている。八合目に耳成山口神社。

札の辻交流館へのアクセス

旧旅籠、平田家を改装。大和八木駅から徒歩7分、入館料無料。

休館日は毎週月曜日（月曜日が国民の休日に当たる場合はその翌日）

Ⅱ

大和平野の東方を歩く

——天理市・桜井市・宇陀市——

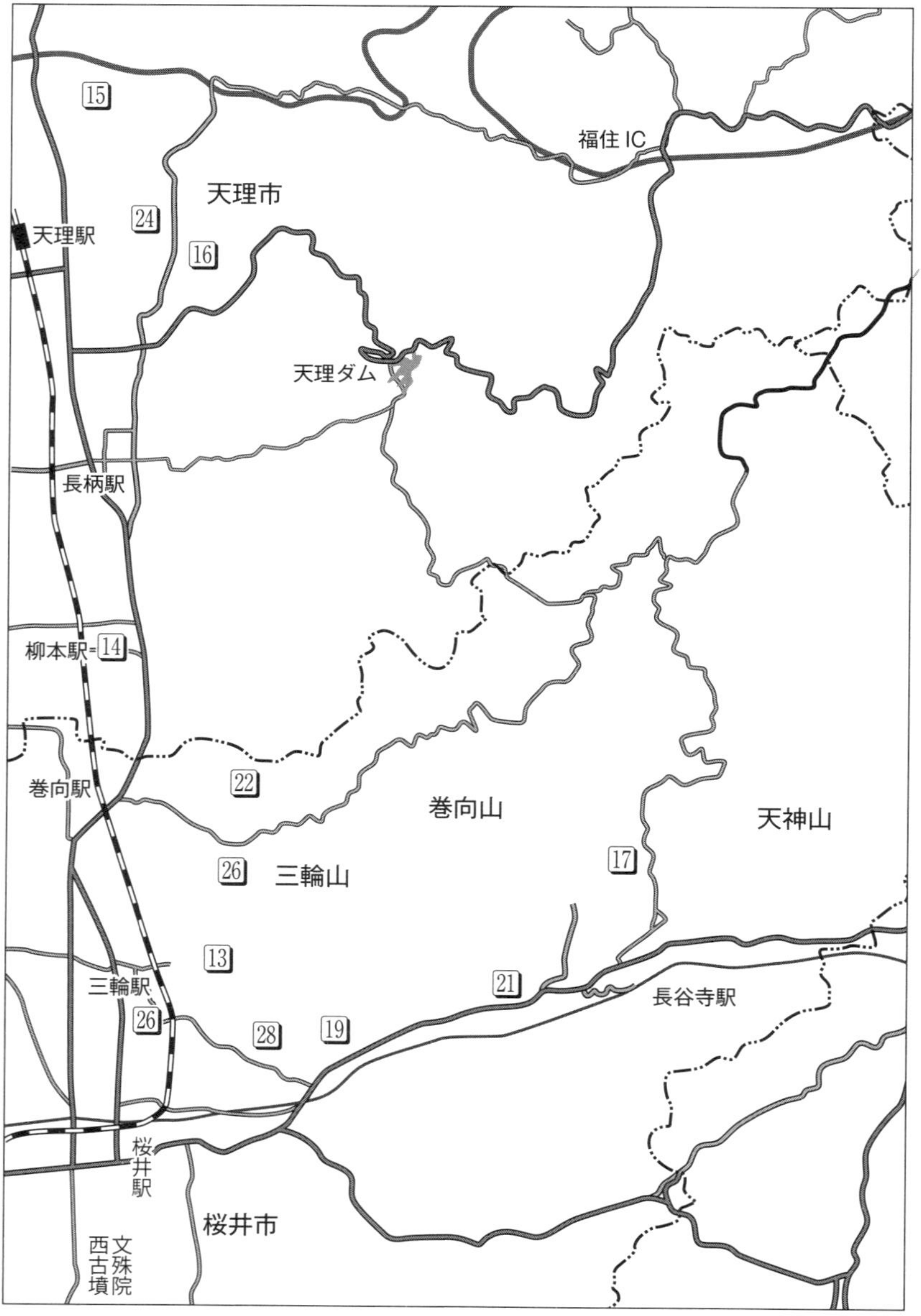

15
福住 IC
天理市
24
天理駅
16
天理ダム
長柄駅
柳本駅
14
巻向駅
22
巻向山
天神山
26
三輪山
17
13
三輪駅
21
長谷寺駅
26
28
19
桜井駅
桜井市
文殊院西古墳

13 大神《おおみわ》神社と本殿　桜井市三輪

イクタマヨリビメという娘のもとに夜ごと男が訪ねて娘は身ごもる。男の素性を怪しんだ両親は、娘に麻糸を通した針を男の衣の裾に刺させた。翌朝その糸をたどると「美和山」（三輪山）にいたり、「神の社」に留まった。その際、麻糸が「三勾（三巻）」だけ残っていたので、そこを「美和」（三輪）というようになった。

（『古事記』中巻崇神天皇条・要約）

孝元天皇の娘であるヤマトトトヒモモソヒメは、大物主神の妻となったが、大物主神は夜しか訪れなかった。そこで、モモソヒメが朝までいてお顔を見せて欲しいとお願いをした。その願いを聞き入れた神は、「明日の朝、櫛箱の中にいる。私の姿を見ても決して驚かないでほしい」とおっしゃった。

夜明けを待って、モモソヒメが見てみると、櫛箱の中にいたのは、下紐ほどの小さくて美しい蛇であったので、モモソヒメは驚いて叫び声をあげた。そのことを大物主神は、恥じて人の姿に戻り、モモソヒメを恨んで「お前は、我慢せずに私に恥をかかせた。今度は私がお前に恥をかかせよう」とおっしゃった。そして大空をふみつけて三輪山にお登りになった。

モモソヒメはそれを仰ぎみて後悔のあまりそこへ急に座り込み、そして箸で陰部を突いて亡くなってしまう。その遺体を大市に葬り、「箸墓」と名付けた。その墓は昼は人が造り、夜は神が造ったという。

（『日本書紀』崇神天皇条・要約）

◇伝説探訪◇

大和国の一宮である大神《おおみわ》神社は三輪明神とも称し、桜井市三輪に鎮座している。この神社には、神体を祭る本殿がなく、奈良盆地側から見ると端整な円錐形をした、標高四六七・一メートルの三輪山を神霊の鎮まる神奈備《かんなび》神体山としている。祭神は大物主神であり、その名から偉大なる霊力（大物・オオモノ）を司る（主・ヌシ）神と考えられている。

この三輪山の神すなわち大物主神を神の代表のように考えたところから「みわ」の表記に「神」を用いたとする説もあり、さらには大神神社を我が国最古の神社と称することもある。また、三輪山の山中やその麓には磐座すなわち神の御座所となる巨石が点在しており、古代の祭祀遺跡も発見されている。さらに三輪山は古代ヤマト王権発祥地とされる奈良盆地東南部にある。このような三輪山の神に関する伝説は、先の「みわ」の地名起源伝説も含む神婚伝説のように『古事記』や『日本書紀』などにも記述がある。それらの記述から、三輪山の神すなわち大神神社の祭神である大物主神は、山神・蛇神・雷神・不思議な光の神・太陽神・酒神・タタリ神・出雲と関係の深い神・王権と結びつく神・氏族神などの性格もあったことが指摘されている。

また、大神神社は、貞観元年（八五九）に正一位を賜わり、明治維新後は官幣大社となっていた。戦後、官幣大社

大神神社の杉

でなくなった後も、日本一とされる大鳥居（昭和六十一年・一九八六）や、祈祷殿・儀式殿・参集殿（平成九年・一九九七）を造営するなど、篤い信仰が続いている。なお、この神社の神杉の葉で作った杉玉は、作り酒屋の標示として広く用いられている。

このような大神神社の境内及びその周辺には伝説を伴う場所や建物・神杉などが数多くある。それらは、多様な書籍や大神神社のホームページで紹介されている。ここでは、一般には余り知られていない、御正殿跡と称する場所とそれに関係する伝説などについて紹介し、大神神社探訪の新たな視点を提供する。なお、神の依り代つまり神体を安置する建物を本殿といい、正殿《しょうでん》ともいう。また、宝殿は神宝や奉納品を入れておく建物を指すことが多いが、中世などには本殿を宝殿と記す例も少なからずある。

上知令と正殿（本殿）

明治維新後、明治四年（一八七一）正月に政府は、太政官布告として「社寺領上知令」を公布し、当時の境内地を除く、他の社寺領を上知すなわち官有地として没収した。その境内地範囲も数次の令達によって「祭典、法要に必需の場所」に限定し、境内地といえども民有地である証明のないものは官有地とする厳しい姿勢で対処した。これにより、多くの社寺が影響を受けた。戦後、裁判により浅間大社に返

大神神社

還された、富士山八合目以上の頂上部が官有地となったのもこの時である。

このような時流の中で、大神神社は、明治五年（一八七二）十月に、当時の政府で神社を担当していた教部省へ「現境内地並正殿建立願書」を提出している。これは境内地及び社地を護る、特に神体山である三輪山を社地として護るための措置でもあった。この願書は、次のようなことを述べている。

拝殿より一町余（約一一〇メートル）ほど離れた所に、御正殿跡と思われる旧跡がある。古老の伝では、この所は正殿跡または旧拝殿跡ともいう。この地は東西およそ十五間（約二十七メートル）、南北十間余（約十八メートル）あり、西正面を除き三方に土手がある。

『奥義抄《おうぎしょう》』にいう、本殿もここにあったかと思われるので、改めて正殿一宇を創建せられたく、かつ従前通り御山一山を神体山と定めおかれたい。

これに対して、教部省は大神神社が願書を提出した翌年の明治六年（一八七三）九月に、御諸山すなわち三輪山を社地と認めるが、正殿の造営は認めない指令を大神神社にしている。これによって、大神神社は、三輪山を社地として従来通り確保できたが、正殿すなわち本殿は造営できなかったのである。

さて、先の願書にその名が記されていた『奥義抄』は、藤原清輔が十二世紀の前半に記した書で、三輪の明神つまり大神神社について、次のような伝説を記している。

三輪の明神は社もなくて、祭の日は茅の輪を三つ作り、岩の上に置いて、それを祭っていた。社がないことを不審に思った、里の者たちが集まって社を造った。しかし、カラスが百千とやってきて、社を食い破り壊したので、それを神意と思い、それ以来、社を造らなかった。

この伝説は、前半の「三輪の明神は社もなくて、祭の日は茅の輪を三つ作り、岩の上に置いて、それを祭っていた。」の部分が、大神神社に古来本殿のなかった根拠となることが多い。しかし、後半の「里の者たちが集まって社を造った」の部分に注目すれば、先の願書のように、大神神社には、昔は社すなわち本殿があったことになり、本殿造営の根拠とすることもできる。

『日本書紀』と本殿

先の願書は記していないが、『日本書紀』の記述から、大神神社に本殿があったと推定できる。

すなわち、『日本書紀』巻第五崇神天皇八年条にあるオオタタネコに大三輪の神を祭らせたという記述の中に、「神宮《かみのみせ》に宴《とよのあかり》す」・「神宮の門《みかど》」とある。この記述にある「神宮」を本殿ではなく、拝殿などとすることも「宴」すなわち宴会をしていることから可能である。しかし、この「神宮」を拝殿などの本殿以外のものと限定することはできない。それは、オオナムチ（オオクニヌシの別名）の国作り神話を伝える『日本書紀』巻第一第八段の第六の一書が、意訳すると次のようになることを記してからである。

「神しき光《あや》」すなわち不思議な光で海を照らして現れる神がオオナムチの幸魂《さきくみたま》奇魂《くしくみたま》である。その神が、オオナムチの問いかけに対して、「日本国《やまとのくに》の三諸山《みもろやま》」に住みたいと答えたので、「宮」を三諸山に造営して、住まわせられた。これが大三輪の神である。

この三諸山つまり三輪山に造営された、大三輪の神の住む「宮」こそ、先の「神宮」であり、神が住むつまり鎮座する本殿と考えることができる。「神宮」と記された大神神社に本殿があったことは、『日本書紀』で大神神社以外に「神宮」と記している、伊勢神宮・石上神宮・出雲大社（「出雲大神宮」）の三神宮で正殿（本殿）がなかった例はないことからも推定できる。ちなみに石上神宮は禁足地を祭祀の対象とし、本殿が古代にはないとする説もあるが、『延喜式』巻三に正殿と伴佐伯二殿が記されており、石上神宮にかつて正殿（本殿）が存在したことは明白である。

また、最初に紹介した『古事記』中巻崇神天皇条に記された神婚伝説にも、「神の社」とある。このことも大神神社に、「神の社」つまり本殿があったことを示しているといえる。

なお、先に記したように、『日本書紀』崇神天皇条にも大物主神に関わる神婚伝説がある。それによると、妻であるヤマトトヒモモソヒメのもとへ昼は来ないで、夜だけやってきていた大物主神の正体は、うるわしい小蛇ということになる。このように『古事記』や『日本書紀』に記された、大物主神に関わる神婚伝説は、「蛇婿入・苧環《おだまき》型」昔話の最古の例とされている。また、その源流を中国や朝鮮に求め、両国の始祖伝承などとの関係に注目する説や、両国の伝承との差異を強調し、日本への伝播について再考すべきとの説もある。

八咫鏡と本殿

十二世紀頃までには成立していた『日本紀略』の一条天皇長保二年（一〇〇〇）条に大和城上郡にある「大神社」すなわち大神神社の「宝殿」が鳴動したことを記している。これも、大神神社の本殿について記していると推定できる。

これらの「神宮」・「宮」・「神の社」・「宝殿」を、『奥義抄』のカラスに食い破り壊された社と同様に、大神神社の本殿とすることができるのである。さらには、平安時代中期に編纂された、律令の施行細則である『延喜式』の巻八に収録されている「出雲国造神賀詞」には、オオナムチの和魂《にぎみたま》すなわち大物主神を八咫鏡《やたのかがみ》すなわち大きな鏡にとりつけて三輪山に鎮められたことを記している。このことを併せて考えると、古代の大神神社には、神体として八咫鏡を安置した本殿があったとの推定が可能である。ただし、先の願書に記された御正殿跡について、元から建造物が設けられたことはなく、七世紀以降の祭場と推定する説もあるので、さらなる検討が必要である。

この御正殿跡のことは、大神神社の社家であった越《こし》家に伝わる江戸時代後期の訴訟に関わる文書にも、御主殿跡として記されている。それによると、数年に渡って、この場所の石垣を掘り崩して石を持ち出し、勅使殿や勤番所などに用いたことがわかる。これは、三輪山から江戸時代や大正時代にも採石されて、石材として使用しているとの指摘や、三輪山が六世紀から七世紀、古墳の石室材の採取地であったとする説からすると、三輪山が採石地であった影響とも考えられる。

以上に述べたような、拝殿に近い禁足地内に、古代には本殿があったという可能性・三輪山が官有地となる可能性があったこと・古墳の石室材の採取地であったとする説のあることなどを、新たな視点として大神神社探訪をしていただければ幸いである。

（藤井稔）

◇伝説地情報◇

行事

毎月一日が月次祭

繞道祭（一月一日）・鎮花祭（薬まつり・四月一八日）など多数の祭典・行事がある。

見どころ

見どころの多い大神神社ではあるが、時間的に余裕があるなら、三輪山登拝（入山初穂料　一人三〇〇円）と宝物収蔵庫見学（拝観料　大人　二〇〇円）がお薦めである。日時に制限があるので、大神神社のホームページ等で事前に調べる必要がある。

お土産

三輪そうめん　みむろ（最中）

大神神社へのアクセス

所在地　奈良県桜井市三輪一四二二

交通手段　ＪＲ線三輪駅より徒歩5分

西名阪自動車道　天理インターより車で南へ約20分

＊広い無料駐車場や有料駐車場があるが、行事日などには満車になることがある。

14 黒塚古墳と三角縁神獣鏡　天理市柳本町

楊本クロツカモ内ワレテ、楊本ノ衆ヨリ金吾ヲ令生害、則入夜城モ落了
（柳本黒塚砦も戦いに敗れて、柳本衆は金吾を自殺に追い込み、夜には柳本城も落城した）

この記事は『多聞院日記』天正五年（一五七七）に「クロツカ」の名称で初めて歴史に登場する黒塚古墳の事である。このころはちょうど戦国時代の末期にあたり、上洛を果たした織田信長は、その勢いで大和国の直接支配を窺っていた。これより九年前、松永久秀は大和国外の武将でありながら、信長より大和一国の支配を許され、柳本城を支配下に置いた。クロツカは古墳を改造して付城としたのである。この時代の柳本城の遺構は確認されていないが、江戸時代に織田藩の陣屋がその跡を踏襲したと考えられている。現在は天理市立柳本小学校の敷地に重なる。

◇伝説探訪◇　黒塚砦

冒頭の金吾という人物は、松永久秀の嫡男であった。久秀本人は奈良市北部の丘陵に築城した多聞山城や、大和と河内を分ける信貴山城を拠点にしたようである。金吾は主に柳本城と龍王山城を拠点に活動した。久秀支配以前は、地元の土豪であった十市氏であり、それ以前は楊本氏の開発した山城であった。

金吾がクロツカの戦闘で自殺に追い込まれる以前、天正三年（一五七五）には、十市遠忠の娘である「おなへ」と

龍王山城で祝言をあげた。この結婚は敵味方同士の政略結婚の様相が強く、『多聞院日記』を記した英俊は、「言語道断」であるといい、「あさまし、あさまし」と口を極めてののしるのである。このころが久秀の絶頂期にあたる。二年後には信長軍は大和に進軍し、天正五年（一五七七）五月から十月にかけて、久秀の居城であった多聞山城や信貴山城、龍王山城を打ち破る激しい戦闘が繰り広げられた。これが「楊本クロツカモ内ワレテ」と記された一連の戦闘である。

黒塚古墳全景

黒塚古墳

黒塚古墳は古墳時代前期（四世紀）の中でも初期に築かれた古墳のひとつである。この古墳は独立して一基あるのではなく、東の丘陵から前方後円墳六基で構成された中にある。最高所に位置する櫛山古墳から下って、行燈山古墳、アンド山古墳、南アンド山古墳、大和天神山古墳、そして西端に位置するのが黒塚古墳でなる。

古墳は発掘調査によって、当時の築造に関わる新事実を明らかにした。特徴的なことは、埋葬された王自身が生前に自らの墓地を選定し、形や規模、副葬品、葬送儀礼などを決めたことが窺われる。これを生前墓（あるいは寿墓）とよぶが、調査により確認されるのはまれである。恐らく当時にあって、王墓にふさわしいものとして流行し始めた前方後円墳を採用したのである。黒塚古墳を造る直前に、同族の死によって大和天神山古墳が初めてこの地域に造られ

遺物出土状況（北から）（阿南辰秀氏撮影）　奈良県立橿原考古学研究所提供

ていたのである。

東に後円部、西に前方部をおく全長約一三〇メートルの最新型の墓が造られた。古墳は中規模であるが、頂上に立てば三輪山のすそ野の広がりと、そこには箸墓古墳に代表される纏向一族の古墳群が威容を誇っていた。このころのオオヤマトの地域は、巨大な古墳を造営することで、同族の権力を誇示する政治的な場にもなっていたのである。

三角縁神獣鏡に刻まれた銘文

古墳に副葬された品々の中に、中国から輸入された三角縁神獣鏡と呼ばれる鏡がある。黒塚古墳では木棺の外側を囲むように三三面が配置され、木棺の中の頭部付近には、画文帯神獣鏡を置いていたのである。しかも三角縁神獣鏡が大和古墳群から出土したことは予想外のことであった。これまでの同鏡の研究では、この鏡は中国魏の皇帝からの下賜品であり、倭国の王はこの鏡を地方の王にさらに下賜することによって、国家を支配する正当性を示すとともに、支配を権威づける威信財であると位置づけたのである。このような背景を持つ鏡であるから、大和古墳群に同鏡が副

出土した34面の鏡（阿南辰秀氏撮影）　奈良県立橿原考古学研究所提供

葬されることは理論上ありえないのである。ところが、黒塚古墳には大量に副葬されていた。同鏡の歴史的な意味付けは別稿をまつことになるが、ここでは鏡に鋳込まれた文字に注目したい。

鏡に文様が鋳込まれるのはもちろん鏡背の部分である。文様は神獣像が中心部分を占めるが、その周りを詩文などの文章や簡単な獣文、幾何学的な文様が配置される。黒塚古墳から出土した三角縁神獣鏡に、銘文を入れるのは十九面あり、同一の鋳型で作られたものがこの内五組である。

日本国内で出土した最古の漢字は、よく知られる中国後漢の光武帝が倭国王に贈与した金印がある。印面には「漢委奴国王」の五文字が刻印され、中国との外交により皇帝から倭国王に対しての下賜品で臣下になったことを象徴する。このあと、四〇〇年後の時を経てようやく、日本国内で日本語を漢字文で表記する埼玉稲荷山一号墳の鉄剣が製作された。四七一年の年号を刻み、祖先の系譜であるヲワケ、オホヒコなどの人名、シキの宮号などを記す。日本語として読むことのできる文章である。倭国内ではこの四〇〇年間に日本語を刀剣や鏡、のちには木簡などに表記する技術として発達し、さらに書き込まれた意味・内容が理解できるところまで到達した。このことは、王権の支配地に王の命令を伝達する道具として成立したと理解される。このように日本語の成立にもかかわる時代背景の中に三角縁神獣鏡があるといえる。はたして、四世紀ごろの倭人は、鏡に刻まれた漢字を正しく理解したのであろうか。

これまでの中国鏡の銘文研究が明らかにしたところによれば、銘文は四字句、あるいは七字句の定型詩であって、句ごとに押韻するという原則がある。森博達氏は、韻を踏む鏡銘の代表例として、「尚方作竟大好　上有仙人不知老　渇飲玉泉飢食棗　浮遊天下敖四海　壽如金石為国保」（尚方鏡を作るに真に大いに好し、上には仙人有りて老いを知らず、渇いては玉泉を飲み飢えては棗を食らふ、天下に浮遊し、四海に敖ぶ、壽は金石の如く国の宝とならん（岡村秀典氏読み、以下同じ）を例示した。

各句末押韻字の読みは、コウ、ロウ、ソウ、カイ、ホウでカイだけが韻を踏まないようであるが、「海」の字の音をあらわす音符の「母」はボウであり、漢代には押韻したという。

ところで、黒塚古墳の銘文の入る鏡十四面はどうであろうか。十号鏡はわずか二十二文字で、

吾作明竟甚大好。上右百鳥不知老。今　為青竟日出卯也。

（吾れ明鏡を作るに甚に大いに好し。上に百鳥有て老いを知らず。今清鏡を為るに、日は卯に出づるなり）

七・七・七の七言銘句で、甚、百、鳥の字は逆字に彫られ、右は有の仮借、青は清の省字である。さらに、字形は明瞭であるのに判読できない文字、従って活字にできない文字が四字もある特異な鏡である。このような現象は、鏡を作った工人の資質に関わることなのであろう。

黒塚古墳出土鏡で最も文字数のあるのは一九号鏡で四五文字である。

吾作明竟甚大好。上有神守及龍乕。身有文章口銜巨。古有聖人。東王父西王母。渇飲玉泉食棗。壽如金石長相保

（吾れ明鏡を作るに、甚に大いに好し。上に神獣及び龍虎有り。身に文章有り、口に巨を銜む。古へに聖人有り。東王父・西王母なり。渇しては玉泉を飲み、飢えては棗を食らふ。寿は金石の如く、長く相ひ保たん）

この文章は、七・七・七・十・七・七の句形で、各々の句末の「好」、「虎」、「巨」、「母」、「棗」、「保」は押韻する整った詩形である。銘文中の守は獣の仮借である。文中の神とは鏡に鋳出された東王父・西王母のことで、西王母は前漢の時代から神仙世界に住む有名な神なのである。龍虎はともにこの神に仕える獣であり、龍は天と地を往復する。鏡の文様の中で龍虎は「巨」を銜える図像が多く、銘文にもこのことを表現するが、「巨」とは宇宙空間の形状を示す天蓋の四方から垂れ下がる維綱をいう。

第六句の「玉飢泉」は「玉泉飢」の錯誤であるとする。二句の及は接続詞であるが、このような使い方は他の鏡銘にはない特異な用法であるという。六句の錯誤などは単なる間違いではなく、漢文としては成立していないのではないかという疑念をもたせる。

中国の韻文学を専門とする森氏は、魏の皇帝から卑弥呼に贈られたとされる三角縁神獣鏡の銘文について検討された。この論文の中で、魏の時代は中国では最も詩文の隆盛した時代である。しかし、同鏡の銘文の多くは、押韻の意識すらない稚拙で悲惨な文章であると結論された。それほど詩文における押韻の原則は、たとえ鏡に鋳出されたものであるとはいえ、外交上の最も大切な中国皇帝を代表する贈答品であれば、もっとも重視されなければならないという見解は正当なものであろう。

文字が刻まれるのは、ほとんどが銘帯という幅約〇・七センチの限られた空間である。この中に画数でいえば一

九画の「鏤」や一七画の「嬰」、一六画の「龍」などは正確に刻まれた。ところが、興味深いのは「樂」字は、白・絲・木を縦に並べて字形を作っているのである。恐らく銘帯の幅に制約された結果なのだろうが、このような字形はこれまでのところ中国鏡では見出せない。ところが、「壽」あるいは「聖」などはかえって複雑な字形を作るのである。この二字などは好字の類であろうから丁寧に刻んだのであろう。

三角縁神獣鏡の銘文は、鏡工人の漢字に対する理解力にもかかわる重要な問題を提起しているといえる。さらに中国から大量に入り始めた漢字を、倭人はどのように日本語として理解し始めたのかということにも関わるだろう。

（泉武）

◇伝説地情報◇

見学の案内

史跡黒塚古墳は、公園として整備されて見学は容易である。古墳に隣接して「黒塚古墳展示館」を併設している。館内には実物大に復元された竪穴式石室と、二階には三角縁神獣鏡の全てをレプリカで展示している。入館無料。

史跡黒塚古墳へのアクセス

JR柳本駅下車、東へ徒歩約15分。周辺は山辺の道が通じ、代表的な前期古墳群を見学するのにも便利である。

15 大和神社《おおやまとじんじゃ》と大国魂神

天理市新泉町《にいずみちょう》

天照大神と倭大国魂の二神は、天皇の大殿に並び祀られていた。しかし、この二神は神威が強くて祀ることができない。そこで宮中の外で別々に祀ることになり、天照大神は豊鍬入姫にまかせて倭の笠縫邑に、大国魂神は淳名城入姫に祀らせた。

この記事は崇神紀のアマテラス神とオオクニタマ神にまつわる伝承である。両神は当初宮中に併祀されていた。ところが、この両神は神威が強く宮中を離れて別々に祀られることになったという。アマテラス神は伊勢に祀られるまでは大和の一画にあり、垂仁紀では、鎮座地を求めて菟田野から近江、美濃をめぐりようやく伊勢国にいたった。そして「神風の吹く伊勢は、常世の浪がしきりに打ち寄せる国でありここに居よう」と神意をしめして、五十鈴川のほとりに鎮座したという。

一方のオオクニタマ神は、鎮座地を穴磯邑《あなしむら》（大市《おほち》の長岡岬《ながおかさき》）に定め、淳名城《ぬなき》入姫《いりひめ》に祀らせたが、神威が強いためか髪は抜け、体はやせ細って祀ることに耐えられず、市磯長尾市《いちしのながおいち》に交替したという。二神のうちアマテラス神は大和の地から離れたのに対して、オオクニタマ神は大和国内に留まったのである。

大神神社

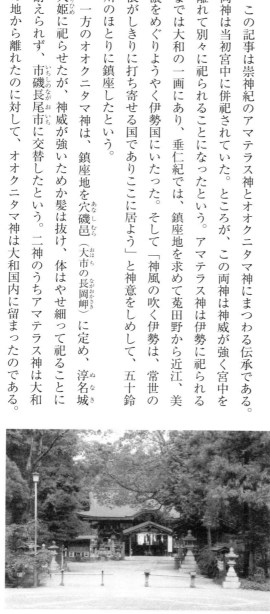

ここには、国土神としての性質に由来して、大和から離れることなく鎮座地を定めたのであろう。このオオクニタマ神を祀るのが大和神社である。

◇伝説探訪◇

神山と祥瑞

神地は天理市新泉町にあるが、歴史的な変遷があったようで、十五世紀ごろになって現在地に鎮座したのである。このことについては後述したい。

まず、オオクニタマ神を祀ったとする渟名城入姫は、大和神社一の鳥居前を南北に通る上街道（古代の上ツ道にあたる）を南に十五分ほど下ると、街道筋に開けた岸田の町並みに入る。近世には街道筋に点在する御陵参拝や長岳寺、大神神社（通称三輪さん）の参詣でにぎわった。この道から西に入ると、渟名城入姫を祀る神社がある。ここはまた大和神社の四至のひとつにあたり、同社を守護するのである。社地は近所の子どもたちの遊び場としてちょうどよい広さで、本殿と拝殿は南北に配置されている。

大和神社は上街道から西に入る参道が長く伸びて本殿は鎮座する。奈良盆地の東麓に鎮座する春日大社や石上神宮、大神神社などは、それぞれ御蓋山、布留山、三輪山など社地の背後に神山が存在する。ところが、大和神社は盆地内に社叢の広がる神社で、近傍には神山が存在しないのである。神社から二キロメートル足らずの東山中には「神山」地名を見ることができるが、ここには社は存在しない。

この問題を解決しそうなこととして、奈良時代に書かれた『続日本紀』は大和神山について触れる。神山にあらわれた祥瑞が、この当時大和神社を奉斎した大倭氏と関わりのあったことが窺われるのである。奈良時代の大和神社をめぐる出来事に注目してみたい。まずは『続日本紀』に記された祥瑞発現の記事である。

己巳（天平宝字二年二月二七日）、勅して曰はく「大和国守従四位下大伴宿祢稲公らが奏を得るにいはく、「部下城下郡大和神山に奇《くす》しき藤を生《おほ》せり。その根に虫の彫り成す文十六字『王大則併天下人此内任太平臣守昊命』とあり」といふ。すなわち、博士に下して議らしむるに、咸《みな》いはく、「臣、天下を守り、王の大なる則并《あは》す。内をこの人に任せば昊命太平ならむ」といふ（以下略す）。

大和神山の祥瑞発現の要点をまとめると、①発現した場所は、城下郡の大和神山という場所で、ここに生えた藤の木の根元に文字が見えたのである。②この木には「王大則并天下人此内任大平臣守昊命」の文字が虫によって彫られたという。③この祥瑞を朝廷に報告したのは、大和神社に奉仕した大和雑物とされるが、実名のようではない。しかし、多額の報償とともに官人としての位階を与えられた。さらに当時大和神社の祭主であった、大倭宿祢弟守は正六位上から従五位下に昇叙を果たした。中堅クラスの官人並みである。このような一連の動きから、祥瑞発現という架空の出来事は、大和神社に関係する人物たちが介在して、莫大な利益をもたらした。また、この出来事は、当時の朝廷政治と大和神社との関係をも浮かび上がらせるのである。

まず藤の木にあらわれた文字に隠喩されたものとは何であるのかみてみたい。当時朝廷内で政治の実権を握っていたのは藤原仲麻呂である。光明皇后は夫であった聖武天皇の亡き後大権を掌握していたが、皇后を輔佐する立場にあったのが仲麻呂である。このことで自分の地位を確立したが、大和神山の祥瑞発現の前年には別の祥瑞を演出していた。これは天皇の住まいである寝殿の承塵の裏から「天下大平」の四字が自ずと出現したというのである。このような瑞字の出現は、秘匿されていた皇太子更迭計画の可否に対する、三宝・神明の徴験として位置づけされたというのである。実際にこの後の孝謙の勅により、前天皇であった聖武の遺言で皇太子に就いた道祖王《ふなどおう》が廃され、大炊王《おおいおう》がその座に就くという政治問題を引き起こした。仲麻呂の言葉として「（大炊王は）天意の択《えら》ひたまふ者」であるといい、勅もこれを受けて「上天の祐《たす》くるところ」であるとこれを支持したのである。この場合の「天」とは、古代中国の支配原理ともいうべき天命思想のことであり、全宇宙を支配する最高神の天帝の意志にかなうことを指すのである。

大和稚宮神社

　このような仲麻呂の政変劇のあった翌年の大和神山の祥瑞なのであり、藤の木なのである。つまり、「藤の木」とは藤原を指すことはまちがいなく、時の最高実力者であった仲麻呂の周辺に連なる官僚たちによる政治的演出に他ならない。

「王大則……」の十六字は、虫が藤の木の根元に記した瑞字であるので、博士の解釈がおこなわれた。「群臣が忠を尽くして天下を守ろうと努めれば、君主は大いに恵みをたれ、群臣を兼ね合わせて一つにしていくもので、天皇が賢人を挙げて用い、主要な職に任ずれば、天下泰平となるであろう」というのである。ここにいう「内をこの人に任せば」のこの人とは、仲麻呂を指していることは間違いなく、仲麻呂に政治を任せれば天下泰平の世になると、露骨な権力の誇示を、この祥瑞を利用して示したのである。

次に、このような政治的な背景を持つ瑞字を発現した大和神山と大和神社との関わりなどをみることにする。

大倭忌寸小東人（のちに大和宿祢長岡に改称）は、若くして遣唐使の一員に任命され、帰国後は養老律令の制定に携わった法律官僚として長きにわたり朝廷政治に参画した人物である。

聖武天皇が没すると、仲麻呂の意に沿うように大炊王が太子の地位に据えられた。さらに光明皇后のために新たな組織として紫微中台が設置された。この名称は、唐の則天武后の中台や玄宗皇帝の紫微省に倣った官司といわれ、この長官に仲麻呂が自ら就いたのである。このことで、仲麻呂は光明の後ろ盾により強大な権力を得たことになる。この新組織である紫微中台の大忠の一人に小東人が就任した。大忠は長官を輔佐する立場にあり、さらに同年には三五年ぶりに養老律令が施行された。この法律も小東人が編纂の当初から関わったのであった。

このように仲麻呂政権という大きな国家の政治の流れと、その中での小東人の立場が合して、小東人が一挙に政権中枢に身を置くことになったことは想像に難くない。

以上のように、奈良時代におけるオオクニタマ神と大和神社を奉斎したのが大倭氏であり、なおかつ朝廷の官僚組織の中に占めた地位からすると、大和神山から発現した祥瑞のもつ政治的な意味するところは明らかであろう。これに関しては小東人の関与は何も語る所はない。しかし、詳述したように、当時の官僚としての小東人の地位と、祥瑞内容に見える藤原仲麻呂とは密接な関係にあったことが窺える。仲麻呂の政治的立場を補強する一助としての祥瑞の演出なのであった。

大和神社の旧社地

次に大和神山と大和神社の社地の関係について考えてみたい。同社の現在の地は、新泉町の上街道に沿う平地に鎮座するが、この地に来るまでは幾度か変遷があったようで、創祀された場所は必ずしも明らかではない。しかし、奈良時代には前述したように大和神山に近いところに位置したことは確かであろう。持統六年には藤原宮造営のための

大和神社のチャンチャン祭り風景

地鎮祭が執り行われた時、「使者を遣わして、幣を四所の伊勢、大倭、住吉、紀伊の大神に奉らしむ」とあり、また『万葉集』巻五・八九四の山上憶良の遣唐使を送る歌にも、「天地の大御神たち、倭の大国魂」と謡う大国魂は、大和神社のオオクニタマ神のことであった。この時代には朝廷や官人たちに篤く信仰されていたのである。

旧社地を推定するうえで一つの手がかりになるのは、大和の春を告げる祭りといわれる「ちゃんちゃん祭り」がある。本社から中山町にあるお旅所までの約一キロメートルの神輿の渡御である。御旅所は中山大塚古墳の一部を削平した平坦地に、大和稚宮《わかみや》神社と歯定《はじょう》神社が並列して鎮座する。この祭は地元では「神さんの里帰り」といわれる。稚宮社の祭神はオオクニタマ神の母、伊怒媛《いとひめ》であるといわれる。行列を作って渡御に出た神輿は、上街道の市場にある腰掛石という所でひと休みする。以前は長岳寺の僧がここまで神輿を迎えたといわれる。長岳寺はお旅所のある丘陵から南に谷をひとつ隔てた所にある古刹で、かつては大和神社の神宮寺としての地位にあった。このようなことから、オオクニタマ神の当初の鎮座地は、現在のお旅所、あるいは長岳寺の近辺などが考えられている。

　最後に祥瑞を発現したとされる神山はどこであると考えられるのだろうか。萱生集落の北東の山麓に、「神山」の小字名を留めるが、奥深い山であり盆地から見ても神奈備型の山容ではなく、ここが故地であるとは考えられない。神山の候補地は、お旅所や長岳寺からそれほど遠くない地点で、平野部から神奈備型の山容を望める条件を満たさなければならない。候補地の一つとして西殿塚古墳をあげたい。全長約二三〇メートルの前方後円墳で、墳丘を南北方向に置いているため、盆地からは見上げるような形でその姿を眺望できるのである。古墳を神山と見たことについて、森浩一氏は平城宮の周辺にある古墳を挙げた。北は市庭古墳、東は杉山古墳、西は宝来山古墳である。この三山で宮城を守護するのである。これは和銅元年（七〇八）の「平城の地、四禽図に叶ひ、三山鎮を作し亀筮に従ふ。都邑を建つべし」という勅にいう三山を推定したものである。

　奈良盆地の東山麓に沿う地域から南の飛鳥地域にかけては、北から春日大社の御蓋山、石上神宮の石上神山、大神神社の三輪山、飛鳥坐神社のミハ山まで神山と観念された地が連続する。その中に位置するのが大和神山なのである。現在は山辺の道に沿う古代王権の古墳群地帯として認識されるが、奈良時代までは神の座する神奈備が連続する、崇高な宗教的雰囲気に満ちた地域として捉えられていたのである。


（泉武）

◇伝説地情報◇

大和神社へのアクセス
ＪＲ長柄駅下車徒歩約15分。拝観・見学は自由。

16 石上神宮《いそのかみじんぐう》と神剣　天理市布留《ふる》町

むかし、出雲の国のひの川（簸川）に住んでいた八岐の大蛇は、一つの身に八つの頭と尾とをもっていた。素戔嗚尊がこれを八段に切断して、八つ身に八つ頭が取りつき、八つの小蛇となって天へ昇り、水雷神と化した。そして天のむら雲の神剣に従って、大和の国の布留川の川上にある日の谷に降臨し、八大竜王となった。今そこを八つ岩という。

天武天皇の時、布留に物部邑智という神主がある夜に夢を見た。八つの竜が八つの頭を出して一つの神剣を守って、出雲の国から八重雲にのって光を放ちつつ布留山の奥へ飛んできて山の中に落ちた。邑智は夢に教えられた場所にくると、一つの岩を中心にして神剣が刺してあり、八つの岩ははじけていた。そして一人の神女が現れて、「神剣を布留社の高庭にお祭りください」という。そこで布留社の南に神殿を立てて祭ったのが今の出雲建雄神社（若宮）だという。（長滝町に伝承）

◇伝説探訪◇

布留川の霊地

前段は布留川の上流に位置する長滝町に伝承された「八つ岩」の話である。ここでは出雲に住んでいた八岐大蛇が八つの水雷神になり、神剣に従って日の谷に降臨した。後段では布留の神主の夢告として、八つ岩に神剣が刺さり岩がはじけたという。そこで神女が現れて神剣を布留社の高庭に祭れと言ったという。ここは石上神宮境内の末社、出雲建雄神社の縁起譚を語る。

この話を伝承した長滝町は、布留川の上流にある山深い集落である。石上神宮の東の滝本町も布留川に沿う集落であるが、いずれも滝に因んだ集落である。ここで著名なのは桃尾滝である。国道二十五号線から桃尾滝の石碑を確認して、滝川沿いに急坂を上るとほどなく水量の豊富な瀑布が現れる。ここが伝承で語られた八大竜王を祀る滝である。

石上神宮

はたの滝

かつては布留滝とも、背後の山は布留山とも称された。

布留川を石上神宮に向けて下ると、内馬場町から流れ出る小川と布留川の合流する地点にも小さな滝がある。「はたの滝」と呼ばれて、かつては石上神宮の神官たちの朝夕の禊場として使用された。江戸時代に書かれた布留社山内絵図には「ハラ井□」、そばに架かる橋を「高橋」と注記する。江戸時代には、『万葉集』に歌われた布留の高橋の伝承地に関わる地点であると認識されたのである。同絵図の神宮拝殿には「岩上御本社」の注記があり、拝殿前庭と同程度の広い禁足地を剣先状の石玉垣が囲む。布留の名称とともに、かつては磐座を祀ることを本義としたことを示唆する。

前記の伝承は、出雲から飛んできた剣は布留山に落ち、岩を砕いて八つ岩の伝承になったが、その後、剣は布留川を流れ下るのである。

布留川の上流から一振りの剣が流れてきて、触れるものは岩も木も皆フッと切れた。川で洗濯していた一人の女の布に留まった。みごとな剣であるので布留社に献納された。それから布で留まったことに因んで布留と名づけ、フッと切れたから布留の御魂といったという。（布留町に伝承）

この話は布留川の下流域にある布留町に伝承された話である。布留川で洗濯していた女の袖に納まったのであろう。この伝承地について宮司に尋ねてもどこの地であるか不詳であった。布留川は「はたの滝」から石上神宮にかけて蛇行が激しく、岸辺から川辺までは急な崖をつくる。このような様態の川では、洗濯のできたのはもっと下流ではないかという。ふたつの伝承は、『石上大明神縁起』や『袖中抄』にも記載されたが、地域の中でも広く流布した、よく知られた伝承なのである。八つ岩の伝承の中で、「神剣を高庭に祀る」と記すのは注意が必要である。

七支刀

天理参考館の研究者たちの作成した神宮境内地の詳細な測量図は、布留山から延びた丘陵先端を、東西約一三〇メートル、南北約一四〇メートルの方形に整地された台地の存在を浮かび上がらせた。この台地の中央に本殿を置き、拝殿や楼門を南北に配置するのである。そして、台地の背後は布留川が大きく蛇行する。この台地が伝承で語られた高庭であると推定される。いずれにせよ、石上神宮は布留山を背にすることはなく、「岩上御本社」とも呼ばれたように、古くは布留川の流れの中にあった磐座を祭祀の対象にしたのである。

石上神宮を語るとき避けて通れない神宝に七支刀がある。七支刀は中央の刀身から、支刀が左右に三本ずつ接合された特異な形状を呈し、刀身の表裏には、金象嵌で約六十字の文字が確認され、中国の年号である泰和四年（三六九）の年号で始まる儀仗用の大刀である。百済国王から倭王に対しての贈り物とされるが、このような外交に関わる大刀が石上神宮に伝承されたことの意味は重い。

このような特異な神宝類は、明治五年の『奈良之筋道』に図示されている。「社ニ於イテ宝物一覧ス」とあるところから、実物を前にしての見学だったのである。七支刀は社殿西の校倉造りの神庫に収蔵され、白木の箱の袋に入れられて鹿角のようであるという。刀身には長い棒がつき紙の幣をまきつける。かつては神宮のふる祭りの時に田町からの神剣渡御でこの刀を使用したともいう。

神剣渡御で
使用された
七支刀

悪党と布留神山

戦国時代は悪党の時代ともいわれる。『徒然草』の著者である吉田兼好は、弘安六年前後の生年で、悪党の跋扈した時代に重なる。兼好はこの時代風潮を描写する。

人の田を論ずる者、訴へ負けてねたさに、「その田を刈りて取れ」とて、人を遣《つかは》しけるに、先ず、道すがらの田をさへ刈りもて行くを、「これは論じ給ふ所にあらず。いかにかくは」と言ひければ、刈る者ども、「その所とても刈るべき理なけれども、僻事《ひがごと》せんとて罷《まか》る者なけば、いづくを刈らざらん」とぞ言ひける。理、いとをかしかりけり。(二〇九段)

意訳すると「他人の田地を訴訟して所有を争う者が、訴えに負けた悔しさに、「あの田の稲を刈り取ってこい」と言って人を遣るのに、途中の田の稲までも刈り取りながら行ったので、「ここはあなた方の主人が訴訟して争ってられる所ではない。どうしてそうするのか」と言うが、刈り取る者たちは、「あの訴訟で争った所の田の稲も刈ってよい道理はないけれども、わたしたちは、どうせ道にはずれたことをしようと出かけるのであるから、どこの田の稲だって刈らないことがあろうか」と言った。この道理はまことに興味深いことである」と兼好は言うのである。

しかし、「いとをかしかりけり」と記すのは、少なくとも法律に基づく社会に身を置く現代では、裁判に負けた腹いせに訴訟に関係のない稲を、道すがらだと言って刈り取ることや、訴訟相手の所に徒党を組んで押しかけ、暴力沙汰を重ねる社会風潮とはどのようなものであろう。このように徒党を組む、あるいは集団で暴力に及ぶやからを悪党と呼んだ。悪党は古代的世界から中世に移行する時代に、それまで強固であった荘園体制や社寺の権勢が崩壊する過程に出現した。荒々しい暴力と破壊を伴う悪党行動として旧来の体制を揺さぶり続けたのである。

石上神宮においても例外ではなく、悪党行動はその基盤を揺るがせた。布留郷に居住した悪党に関連する「起請文」あるいは「悪党交名注進状」と呼ばれる一群の史料がある。

注進　悪党の交名の事

一、布留の大明神の山（の木）を斬るのは、杉本の長円房、堯円房、慶琳房、菅田浄恩房、河原庄淡路房の子息、岸田大夫、四条等学房。このところ、威勢に任せて山を斬り、頭を剃りながら、神を神とも思わないこと、あるいは社頭の三〇講の行事もしないことは仏法の滅亡である。

一、長円房、慶琳房は夜に他人の田を刈り、人の物を剥ぎ取り、盗人をかくまう。佐保内道の地主の微力なのを見越して取ることなど、寺僧と称してこれらの悪党することは、かえすがえす寺名を汚すことである。四方の山など七〇余の悪行に、杉本の者どもこの落書に記載するところである。（略）春日五所大明神併七堂三宝御罰を（加えて）、八万四千の毛穴殊蒙べし　弘安八年三月□日（意訳：カッコ内は筆者の追記）

文頭の原文は、「布留大明神之山ハヤス人」から始まる。このハヤスということについて、白井伊佐牟氏は、「布留の郷民は神山に対して直接切るという表現を避けてハヤス（生やす）と表現した」と解釈した。興味深い解釈である。この文書は布留の神山の木を伐採した悪党と、住まいした布留近郷の杉本集落などの地名を記す。それぞれの名前には、「～房」を付すところから、頭をまるめた僧形で「神を神とも思わない」で神宮の木を切るという所業に及んだのである。この史料には、このほかにも夜に田の稲を刈ることや、剥ぎ取り、あるいは盗人をかくまうなどの狼藉を腕力に任せてのやりたい放題であった。

中世において、夜に他人の田を刈るとはどのような事態であると捉えたのだろう。笠松宏志氏は、「田や野良の作物を盗んだ者を見つけ、殺した者にはそれが昼であれば米五斗、夜であれば三石の褒美を出す」、あるいは「宵六つから明け六つまでの間、稲を持って通る者は罪科に処す」といった村掟を紹介する。ここでは、集落の掟として、夜に田の稲を刈る者には死を課して、なお褒美として米が与えられたのである。しかし、布留郷で狼藉を働いた長円房などには、このような制裁を加えたという可能性は低い。むしろ、現実には悪党側の実力が勝っていたのである。

（泉武）

◇伝説地情報◇

石上神社へのアクセス

近鉄・JR天理駅下車徒歩30分。境内の拝観・見学は自由。

17 長谷寺縁起　桜井市初瀬

長谷寺のあるところをなぜ泊瀬豊山と称するようになったかというと、「昔はこの土地を三神と呼び、また初瀬川を神川と言っていた。初瀬川の上流に滝蔵山があって、そこに滝蔵権現が祀られていたが、ここは往古以来諸天が顕れる聖地であった。その社の傍らには天人が造ったという毘沙門天王が置かれていた。あるとき雷がその像を取って空に昇っていくとき、毘沙門天が持っていた宝塔が落ちて川に流され、与喜山の麓まで流れてきてそこで止(泊)まった。このことを武内宿禰が占って「これは天の徳を授かって地が栄えるしるしだ」といった。そこで自ら北峯の西北の隅にこれを納めた。それより旧名の三神を改めて泊瀬の豊山と言うようになった。」

◇伝説探訪◇　長谷寺とその信仰

この話は、長谷寺の幾つかの縁起の中で最も基本的なものの一つである『長谷寺縁起文』に載る長谷寺創建伝説の一部である。原漢文であるが、それを現代語になおして掲げた。この縁起書は一応平安期のものと考えられているが、鎌倉期とする説もあって諸説定着を見ない。選者についても菅原道真とされているもののこれもまた真偽は不明である。

長谷寺は、桜井市の初瀬山の山腹、初瀬川の北岸に所在する真言宗豊山派総本山の寺で豊山神楽院とも称する。西国三十三ヶ所第八番札所で、また牡丹や紫陽花の美しい寺として知られている。また二月に行われる「だだおし」は

長谷寺

大和の火祭りとしてことに著名である。

正史に長谷寺が登場する早い例は、『続日本紀』神護景雲二年（七六八）十月二十日の記事で、そこに「幸長谷寺　捨田八町」とあって、時の帝であった称徳天皇が長谷寺に行幸して田を八町施入したと記されている。

本尊は十一面観音である。この像は錫杖を持った立像で、いわゆる長谷寺式などと言われる形式である。この観音は往古より貴賤を問わず多くの人々の厚い信仰を集めてきた。たとえば清少納言『枕草子』第一一〇段に

> 卯月のつごもりがたに、初瀬にまうでて、淀のわたりといふものをせしかば、船に車をかきすゑていくに、菖蒲、菰などの末みじかく見えしを、とらせたれば、いとながかりけり。

とあって、長谷寺参詣の途次での見聞について記しているが、このような例はほかにも何カ所かに確認でき、そのことから、彼女が頻繁に長谷寺に詣でていたこと

が知られる。また十二世紀の『今昔物語集』にも長谷寺観音についての説話がおさめられている。あの著名な「わらしべ長者」も『今昔物語集』では長谷の観音の霊験談として語られている。

長谷寺の創建

創建の事情については、種々の説があり複雑であるが、一応は以下のように考えられている。すなわち天武天皇の時代、朱鳥元年（六八六）に川原寺（弘福寺）の道明が天皇のために、豊山に三重塔を建立した。（「法華説相図銅版」銘、『長谷寺縁起文』）。この地は後世「本長谷寺」と呼ばれるが、これが長谷寺の濫觴である。『長谷寺縁起文』には、

此ノ豊山ニ二ノ名アリ、一ハ泊瀬寺、又ハ本長谷寺ト云フ。二ハ長谷寺、又ハ後長谷寺ト云フ、其ノ差別ハ、十一面堂ノ西ニ谷アリ。其レヨリ西の岡ノ上ニ三重ノ塔并ニ石室ノ仏像等アリ、是レ泊瀬寺ナリ（原漢文）

と記されている。

ここに言う「後長谷寺」は、「本長谷寺」が建立されたあと、聖武天皇の勅によって徳道上人が、東岡の巨岩の上に高さ二丈六尺（約三メートル二十センチ）の十一面観音像を据えて本尊となし寺を構えたのがはじまりで、これが今日の長谷寺に連なる。この観音像は、神亀六年（七二九）に異国の仏師稽文会と稽主勲の二人がわずか三日の間に像顕したといい、天平五年（七三三）行基を導師として開眼供養が行われた。そして天平十九年になって堂宇の建立供養が実施され、ここに長谷寺一山の施設が整えられた（『長谷寺縁起文』）。

多くの記録が記すところによると、このときに本尊を造る際に使用した霊木は、もと近江国高島郡三尾崎の山から流れ出た「霹靂之木」であり、長谷に来るまでに様々な土地に流れ着いたが、そのいく先々で大きな災いをなしたという。いま『長谷寺縁起文』によってそのあらましを示せば、

高島郡三尾崎から洪水によって流れ出た木が大津に流れついた。このとき、里に火事や疫病がはやったため、占いを行うとこの木の祟りであると言うことがわかった。ここに大和八木の人小井門子《おいのかどこ》という人がいたが、夫が死んだためその供養のための仏像を造ろうとしてこの木を大津から八木へ移した。しかし門子もこの木の祟りのために死んでしまった。しかし、この木はここでも災いをおこした。三十数年後葛下郡の沙弥法勢という人が、この木で十一面観音を造ろうとして当麻郡へ持って行く。しかし、彼もまた志を遂げないうちに死んでしまった。それから五十数年そのままになっていたが、里に不吉が起こるので村人が同心して長谷の地に引いてきて捨てた。徳道はその木で十一面観音を造った、のごとくである。

長谷寺と雷神信仰

ところで、冒頭に掲げた話は、泊瀬と豊山の地名生成伝説の形式を持っており、いうならば長谷寺成立以前の〝コト〟が語られているわけだが、ここに出る滝蔵権現とはいったいどのような存在なのであろうか。そしてなぜその傍らに毘沙門天像がおかれており、しかも雷神がそれをわざわざ天に引き上げようとしたのであろうか。

初瀬の地は、古来雷神信仰が強く行われたところであったらしく、長谷寺の開創に当たっては雷神が盤石を砕いて、本尊十一面観音を安置する場所を開いたといい、そのことは長谷寺の多くの縁起に触れられている。たとえば『七大寺年表』（平安末期成立）には、

金造二丈六十一面観音像一安二置之一。雷公降臨摧二磐石一令レ為二其座一矣。

とある。雷が岩を砕いて十一面観音像を据える場所を開いた、というのである。

長谷寺は、初瀬川が谷から出るところに位置するが、その最初の地主神が滝蔵権現であった。その鎮座地は、初瀬

川を四～五キロメートル上流にあがった滝蔵山である。のちに地主神の地位をやはり雷神的性格を持つ天満天神に譲り地主神の交代が行われる。それが与喜天神であるが、そうしたことがスムーズに行い得た信仰的な背景の一つには、滝蔵神にも元々雷神的な性格があったからであろうといわれている。

話の中で毘沙門天が雷神のターゲットになっていることからみて、雷神との間に何らかの関わりを想定し得る。雷神は水神でもあったから、雷神との関係は、同時に水神との関係を示すものでもある。

水神統制の毘沙門天

一方、毘沙門天は、日本では中世以降、福の神としての性格を強めていくが、他方「領㆓諸天善神㆒」（諸天善神を領《ひき》いる）」（『阿沙婆抄』・十三世紀成立）とあるように強力な仏教守護神としての信仰があり、我が国においては諸天善神の統領としての性格もあわせ持っていた。中世の『古今著聞集』（建長六・一二五四）以後人口に膾炙した毘沙門天が諸天善神に勧めて彼らを融通念仏に入信せしめた話などは、「領㆓諸天善神㆒」という神々の統領としての毘沙門天の性格をよくあらわしている。

ところで、毘沙門天を本尊とする著名な寺に京都の鞍馬寺がある。寺のある鞍馬山は、じつは暴れ川であった鴨川の水源域に位置する。鞍馬山の西麓のその上流域には水神を祀る貴船社が存在する。貴船社は、明らかに鴨川の安定を念頭に祀られたものである。平安遷都以前、下流には賀茂氏や粟田氏などが勢力を持っていたが、これらの人々にとって、川の流れは自らの制御力を超えたものであったから、彼らが水神の存在をその水源域に信じ、それを定期的に祀ることで川の安定を願ったであろうことは想像に難くない。鞍馬山におかれた毘沙門天は、その諸天善神の統領としての性格を考慮すれば、貴船川の水神を統御する目的をもって山岳宗教の徒があとになって持ち込んだものであった可能性を考えることもあながち荒唐無稽とは言えない。

なぜならば類似の事例がほかにも指摘できるからである。それは摂津（現高槻市）の古刹で山岳寺院であった神峰山寺である。ここもまた毘沙門天を本尊とする寺であるが、こちらは檜尾川という河川の水源域に位置しており、かつこの川の下流域には古墳時代より鎌倉時代にかけての大規模な住居跡が発掘されていて、古くからそして長い間人の住む地域であったことがわかっている。興味深いことにそれらの居住地域を貫いて檜尾川の川筋跡が幾筋も発掘されており、それらはすべて洪水によったものとされていることである。すなわち檜尾川も暴れ川だったのである。してみれば神峰山寺の毘沙門天もまた水神との関係をも思わせるものとなるであろう。

水神と毘沙門天の関係については、さらに検証を続けなければならないが、こうした例に接するとき、冒頭に掲げた伝説も、単に地名成立の説明というのみならず、水神と毘沙門天という点からもまた何らかの問題を内包している可能性を思わせる。伝説が背後に抱えるものの多様性を示す一例であった。

（橋本章彦）

◇伝説地情報◇

年中行事

一月　修正会
二月　節分会、だだおし法要
三月　彼岸会
四月　釈迦降誕会、ぼたん祭、春季寺宝展
八月　盂蘭盆会

九月　彼岸会、

十月　もみじ祭、秋季寺宝展

十二月　除夜本尊開帳会、観音万灯会

◎所在地

奈良県桜井市初瀬七三一の一　0744―47―7001

◎長谷寺へのアクセス

近鉄　大阪線・長谷寺駅から徒歩15分

◎拝観料

〈個人〉　大人：五〇〇円、中・高校生：五〇〇円、小学生：二五〇円

18 業平の姿見伝説　天理市櫟本町《いちのもと》

奈良県には、平安時代の六歌仙で『伊勢物語』の主人公と目される在原業平にかかわる以下のような伝説が遺されている。

昔、河内姫が長谷寺に参る途中、櫟本町の在原寺に水を飲みに寄り、水をくんでくれた業平と恋仲になった。その後、業平が河内姫に会いにいって、ソッとその家をのぞくと、内はちょうど食事中で、姫は父の給仕をしながら、ほこりのある畳の上に落ちたひとかたまりの飯粒を、手づかみに拾って、口に入れた。

業平は、これに愛想をつかして、家にはいらないで逃げて帰った。これを知った河内姫はただちに男の後を追った。業平は在原寺の柿の木にのぼってその身を隠した。しかし、その影がちょうど木の下の井戸にうつっていた。姫は井戸の中をのぞいて、男が身投げをしたと早合点し、後を追うつもりで、その身も井戸におどり込んで死んだ。今、天理市櫟本町・在原神社の境内にある業平の井はその跡だという（天理市櫟本町《いちのもと》）。並松の松林が尽きるところに、業平姿見の井がある。河内通いの時につねづね姿を写していったところだという（旧生駒郡斑鳩町並松）。

（『増補版　大和の伝説』）

◇伝説探訪◇

在原業平については、『伊勢物語』「筒井筒」の段では、業平の河内通いを嘆き、夫の立田山越えを気遣う妻の歌とともに、語られている。また世阿弥の能「井筒」では、荒れ果てた在原寺に参った僧が、夢中に業平の妻が業平形見

在原寺跡、業平の姿見井戸

の衣を着て、井戸に姿を写し、業平を偲ぶ、という設定になっている。これらの文学作品に登場する「筒井筒」は、天理市櫟本町の業平の井であるとされている。

一方、生駒郡斑鳩町の業平姿見の井は、業平が河内通いをしたとされる「業平道」の傍らにあり、すぐ脇に地蔵尊を祀った小堂がある。

在原業平にかぎらず、弘法大師、小野小町、静御前など、歴史上の名僧・美男美女が姿を映したとされる井戸は全国各地に伝承されている。井戸に姿を映すことであたかも鏡のように姿を見るというだけではなく、「水占い」と考えられていること、そして、映すことの呪性が宿っていると考えられている。

水占いとしての、姿見の井については、『万葉集』巻二〇―四三二二の防人歌に、

わが妻はいたく恋ひらし飲む水に影《かご》さへ見えて世に忘られず

（私の妻はたいそう私のことを恋しく思ってくれているらしい。私が飲む水に面影が映って、とても忘れられない）

「妻が無事に自分の帰りを待っている」あるいは「自分が無事に帰ることを祈ってくれている証である」ということから、深い夫婦の情愛が歌われた歌であるとともに、「水占い」ともなるのである。

同じく『万葉集』巻一七―四〇二八　大伴家持の歌に次のような歌がある。

妹に逢はず　久しくなりぬ　饒石川《にぎしがわ》　清き瀬ごとに　水占延《みなうらは》へてな

（妻に会えなくなってずいぶん長くなった。饒石川の清らかな瀬ごとに水占いをしていこう）

家持が北陸能登の饒石川《にぎし》（現　仁岸川）で詠んだこの歌は、川の瀬に妻の面影が映るかどうかで「水占い」をする歌である。

業平が姿を映したとされる井戸は、業平自身が自分の姿を映して、その井の水に、恋する女性の姿が映るかどうかで、恋の行方を占っていたと考えられる。またこの「水占い」は、井の水に、自分の姿がうつるかどうかで、自分自身の将来・運勢・寿命を占っている。

水鏡に自分の姿を映し、自分自身の将来を占うという方法は、『古今著聞集』巻九「九条大相国伊通浅位の時、井底を望みて丞相《じょうしょう》を見る事」にも見られる。九条大相国伊通がまだ官位の低いときに自らの姿を井戸の水に映したところ、高位についた自分の姿を見て、自分の将来を占い、映った通りの官位まで登りつめたという内容である。

また民俗事例にも多数みられるが、奈良県五條市西吉野地区（旧西吉野村黒淵）には次のような伝説がある。

旧賀名生《あのう》村の黒淵の常覚寺、普賢菩薩をまつる寺に姿見の井というのがあって、参詣者はみな試みに自分の姿をうつして見る。影がはっきり映らぬ者は死ぬといわれている。

（『増補版　大和の伝説』）

同じような伝説が、高野山奥の院参詣道の「汗かき地蔵」脇の井戸にもあり、こちらは、姿が映らなければ三年以内に死ぬという伝説である。また四国霊場第一七番井戸寺の「面影の井戸」の話は、弘法大師が掘った井戸とされ、自分の姿が映れば無病息災、映らなければ三年以内の厄災に注意せよ、と言う話である。

さらに、積極的に「井戸に姿を映すことで運勢を向上させる・寿命を延ばす・厄災から逃れる」という話もある。

斑鳩町の業平姿見井戸（右奥）

大阪府の信太《しのだ》の姿見の井戸では、「白狐が女に化現したとき、鏡に代えてこの水に姿を映したと伝え、今でもこの井水に姿を映しておけば美人になれるばかりでなく、身心も清らかになり、心願は必ず成就する」という伝説がある。また名古屋市熱田区高蔵町に鎮座する高座結御子神社の「井戸のぞき」では、子どもが境内御井社の井戸を覗くと、疳の虫封じになるという信仰がある。その他、民俗事例として、井戸参り（井戸神参り）があるが、いずれも、子ども（乳児）に井戸を覗かせることで、厄災を免れるとする信仰に基づくものである。

そこで、業平姿見の井とはどういう性格の井戸であろうか。実際に業平が姿を映したかどうかは別として、文学的な文脈で、業平が井戸に姿を映すとすれば、それは、自らの身だしなみの点検であるよりは、水に思い人の姿が映る「水占い」であるだろう。しかし説話伝承の文脈では、「業平姿見の井」を育ててきたのは、むしろ伝説を形成し、継承してきた人々の心意であったと思われる。今日まで伝わらないが、人々が、業平姿見の井を覗くこと、そこに姿を映すことには、良縁成就であったかもしれないし、あるいは芸道向上であったかもしれないが、史実上の業平ではなく、伝説として語られる業平に基づく人々の願意がそこにはあったのではないか。われわれが、業平姿見の井から汲み上げるものは、伝説にこめられた人々の心意である。

（軽澤照文）

◇伝説地情報◇

- 業平姿見の井へのアクセス
  - 天理市櫟本町　ＪＲ桜井線櫟本駅から徒歩20分
  - 斑鳩町並松　ＪＲ大和路線法隆寺駅から徒歩15分
- 周辺の観光名所
  - 世界遺産　法隆寺、信貴山朝護孫子寺
  - 天理市櫟本の業平姿見井戸
  - 斑鳩町並松の業平姿見井戸

19 物語の作者　桜井市

椿市《つばいち》は、古代において市《いち》の開かれていた地で、その名は『万葉集』に見える。

　正述心緒

海石榴《つば》市《いち》の八十《やそ》の衢《ちまた》に立ちならし　結びし紐を解《と》かまく惜しも　（巻第一二、二九五一番）

（現代語訳）椿市の八重の（別れ路である）辻道で歌掛きをしたとき（約束の気持ちを籠めてあなたに）結んでもらったこの紐を（心ならず）解くのは惜しい。

　問答歌

紫は灰さすものぞ海石榴市の　八十の衢に逢へる児《こ》や誰《たれ》
たらちねの母の呼ぶ名を申さめど　路《みち》行く人を誰と知りてか　（巻第一二、三一〇一・二番）

（現代語訳）紫（の色を紫草から染めるときに）は（椿の木から取った）灰を混ぜるものです。（そのような椿に寄せるわけではないけれど）椿市の八重の辻道で出会ったあなたは誰ですか（名前を教えてください）。

　母が呼ぶ（私の）名前を（あなたに）申し上げたいけれど、行きずりの人（であるあなた）を誰と知って（分からないままに、名告ることが）できるでしょうか（名前を教えることはできません）。

前者は、恋の心情を率直に表明したものである。上の句が序として働いているとすれば、椿市の歌垣のことは譬えとして持ち出されたものとなり、歌垣の実体験の中の作かどうかはわからないことになる。後者二首は、椿市における男と女の問答である。要するに、「あなたの名前を教えてほしい」と男が尋ねたのに対して、女は「簡単に名告《なの》ることはできない」と、拒否をもって返答している。求愛と拒否という形式で歌の交わされるところに、歌掛きの特徴がよく出ている。

この物語の舞台海石榴市は、交易の行われる巷《ちまた》であるとともに、嬥歌会《かがい》の地であった。嬥歌会とは、山入りして春には豊作を予祝《よしゅく》し、秋には感謝を祈念して、男女が歌を掛け合って妻問いし、結ばれる儀礼としての歌垣《うたかき》のことである。

◇伝説探訪◇

椿市は、かつて三輪山の南麓金屋《かなや》集落のあたりに在ったと紹介されることが多い。確かに中世から近世にかけて、京都からの初瀬寺参詣には、三輪山の西を通り、この集落を経て伊勢へと続く道が用いられたらしい。この集落の東寄りの山手に、海石榴市観音堂がある。観音の石仏二体と、鋳造《ちゅうぞう》の弥勒菩薩一体とが祀られている。石仏には元亀二年（一五七一）八月の銘がある。また境内には、江戸時代の年紀を刻した石塔などが多く集められている。さらに、集落の北には、通称金屋の石仏がある。御堂に向かって、右に釈迦如来、左に弥勒菩薩が、大きな石板に浮彫りにされている。これは鎌倉時代以前のものとされている。

今、椿市という地名は、小字《あざ》には残らない。しかし藤岡謙二郎氏

三輪山麓の金屋の風景（巽製粉KKの屋上から撮影）

八木札の辻の旅籠（橿原市）。下ツ道と横大路との交差する地点

は、都の中の「人為的な市」に対して、軽市や椿市などは「自然発生的に水陸両用の要所に発達した」という。そして、今残っている椿井、市尻、上市口など小字の地名を手がかりに、七世紀に南北を貫く上つ道と、東西を貫く横大路の交差する要所に、古代の海柘榴市があったと比定する。このあたりは、大和川の上流にあたる長谷川の舟運もあって栄えたとみられる。

つまり椿市は、今の道路上では、戒重南《かいじゅうみなみ》の交差点付近にあたる。横大路は、かつて三十〜四十メートルの幅でまっすぐに開かれた古代の官道であり、大阪の堺から発する竹内街道、横大路、そして初瀬から伊勢街道へと経由する東西の幹線であった。一方、藤原京から北へ、平城京の朱雀大路を貫く下ツ道と、平城京の東辺を貫く上ツ道とは、南北の幹線であった。

おそらく椿市も、古代から近世へと歴史的な段階を経たと考えられる。自然景観の中で生成した市に比べると、上つ道と横大路という直線の道の交差する場所は、国家的な視野の中で成立したといえる。さらに、平安時代になると初瀬参詣の、さらに中世以降になると伊勢参詣の経路としての役割を強めて行ったといえる。

貴族女性の物語の旅

平安貴族の女性たちは、都の邸宅の中に閉じ籠《こ》められていた。もし彼女たちに、都を出る機会があるとすれば、父親や夫が国司《こくし》、いわゆる地方官として赴任するのに伴われて下向するときか、寺社に参詣のため物詣《ものもうで》の旅をするときである。清少納言も同様であった。西暦一〇〇〇年前後に書かれた『枕草子』の第三十五段には、池の名が列挙されている。

池は、勝間田《かつまた》の池。磐余《いわれ》の池。贄野《にえの》の池、初瀬に詣でしに、水鳥のひまなく居て、立ち騒ぎしが、いとをかしう見えしなり。（本文、以下略）

これら地名のほとんどは歌枕である。勝間田の池は、諸説あるが薬師寺の東北、今の奈良市七条町の地名か。贄野の池は、現在どこか分からないが奈良街道沿いの地名である。例えば『万葉集』には大津皇子が「磐余の池」で自死したときの挽歌が記されている。

大津皇子の被《みまからしめら》死えし時、磐余の池の般《つつみ》にして流涕《なかし》みて作りませる御歌一首

ももづたふ磐余の池に鳴く鴨を今日のみ見てや雲隠りなむ

（巻三、四一六番）

つまり「磐余の池」は、皇子の不幸な運命を記憶する地名である。それゆえに、名所となり、後に歌枕として定着するのである。

『枕草子』には、この条の後半に、例えば「水なしの池」なんてどんなわけがあって付けたのか、と不審に思った彼女は、いわれを人に尋ねると、雨の多く降ることになる年は、春先に池が干あがり、晴天の多くなる年は池の水が多い。いわば天候を占う池だという答えを得た、と記している。清少納言は地名そのものに興味を示している。ただ彼女は「初瀬に詣で」て、歌枕の地をいくつも訪れたのに、なぜか和歌を詠まない。実際には詠んだかもしれないが、

『枕草子』には記していない。

実は、清少納言は『枕草子』第九五段「五月の御精進《しょうじん》のほど」において告白しているように、祖父清原深養父《ふかやぶ》や父元輔《もとすけ》という、どちらも後に百人一首に選ばれるほど、歌詠みの家の重すぎる伝統を背負っていたから、歌を詠むべき機会があってもなかなか歌が詠めなかった。このように、清少納言が興味を示す地名には、和歌とともに記憶される歌枕と、地名そのもののもつ言葉の面白さとの二つが認められる。

長谷寺への経路と椿市

『枕草子』よりも少し早く、『蜻蛉日記《かげろう》』の安和元年（九六八）七月の記事によると、道綱母は突然家から、長谷寺参詣に向けて徒歩《かち》で飛び出している。その経路は、法性寺で門出《かどで》の儀式を済ませ、暁に出立《しゅったつ》。昼、宇治院に到着。これはもと源融の別業で、道綱母の夫兼家の相続した別荘である。食事をした後、舟に牛車を載せて宇治川を渡り、贄野の池、泉川を経て、橋寺（泉橋寺）で一泊している。後に、清少納言は道綱母と同じ道を辿る。まさに、この経路が平安時代の初瀬寺への物詣の道であった。さらに、次の日道綱母は「けふも、寺めく所に泊まりて、またの日は、椿市といふ所に泊まる」と記している。椿市は、初瀬寺参詣の斎戒のために、貴賤道俗の多くの人々がひしめいていた。

古代の椿市

ところで、古代の市は交易だけを目的とする場所ではなかった。『日本書紀』武烈天皇即位前紀は、「太子が物部麁《あら》鹿火《かひ》の大連の娘影媛《かげひめ》に求婚したが、影媛はすでに鮪臣《しびのおみ》に奸《おか》されていた。影媛は太子に、「海石榴市の巷」で待つと伝えた。太子は「歌場《うたかき》の衆《ひとなか》に」立ち、影媛の袖を捉えると、鮪臣が間に割って入った。鮪臣と太子とは、繰り返し歌を交すと、太子は鮪臣が先に影媛を得ていたことに気付く。怒った太子は鮪臣を殺してしまう。影姫は悲しんで鮪臣追悼の歌を歌った」と伝える。

同じく『日本書紀』敏達《びだつ》天皇十四年（五八五）三月条の記事によると、守屋が排仏棄釈を行ったとき、善信尼が「海石榴市の亭」で鞭《むち》打たれる処罰を受けているし、推古天皇十六年（六〇八）、遣唐使小野妹子の伴った唐客「斐世《はいせい》清《せい》」を歓迎したのもこの地である。つまり、市は、経済的な交換だけでなく、向こう側の世界との交通の地でもあったのである。

平安時代の椿市は、『枕草子』第十一段にも見えている。

市は、辰の市。里の市、椿市。大和にあまたある中に、長谷に詣づる人のかならずそこに泊まるは、観音の縁のあるにや、と心異《こと》なり。

辰の市は平城京の市司《いちのつかさ》という公営の市《いち》である。清少納言はまず、平安京の市よりも、旧都である平城京の市を挙げている。一方、里の市の代表は椿市であったという。平安時代になると椿市は、長谷寺参詣にとって不可欠の地となったことがわかる。藤原実資の日記『小右記』正暦元年（九九〇）条には灯明《とうみょう》の具などを揃えた記録がある。

物語の地名としての椿市

それだけではない。紫式部の描いた『源氏物語』にも、椿市は男女の出会いの地として記憶されている。玉鬘《たまかつら》巻に、筑紫《つくし》国、今の北九州から父君（かつての頭中将）に逢いたいと、夕顔の遺《のこ》した娘玉鬘は上京する。乳母子《めのとご》の豊後介《ぶんごのすけ》が「仏の中には、初瀬なむ日の本《もと》のうちに、あらたなるしるしあらはしたまふ」と勧めた初瀬観音のもとへ、願掛けのためあえて「徒歩より」参詣をめざし、ようやく椿市に辿《たど》り着く。そこで、玉鬘はかつて亡き母夕顔の女房であった右近とたまたま出会うことになる。右近は、夕顔が光源氏と某院《なにがしのいん》で密会し、物怪《もののけ》に襲われて命を落としたのちは、光源氏のもとに女房として引き取られていた。つまり、玉鬘は椿市において右近と再会することによって、光源氏のもとに引き取られる運命を得るのである。

このような物語の深層にも、椿市は交易や参詣だけでなく、男女の出会いという、さらに草深い古代の記憶が潜んでいる。物語の地名は、伝承を重層的に記憶する仕掛けだったのである。

（廣田收）

◇伝説地情報◇

行事
海石榴市観音堂　毎月二七日に観音講。

金屋集落へのアクセス
所在地　奈良県桜井市金屋
交通手段　ＪＲ三輪駅から徒歩10分、もしくはＪＲ・近鉄桜井駅から徒歩15分。

椿市比定地へのアクセス
所在地　国道一六九号線戒重南交差点
交通手段　ＪＲ・近鉄桜井駅から、旧横大路を西へ徒歩5分。

20 三輪の玄賓僧都伝説

桜井市大字茅原

大和国三輪の山のふもとに住んでいる玄賓《げんぴん》僧都のところに樒《しきみ》を摘み閼伽《あか》の水を汲んで持ってくる者がいるので玄賓は名を尋ねたいと思っている。その後、「三輪の里」に住んでいるという女が「檜原の奥」の玄賓をたずねる。玄賓が「山田守る僧都の身こそ悲しけれ秋果てぬれば訪う人もなし」と歌を詠んでいると、女が来て案内を請う。女は、尊い人である玄賓僧都にいつも樒を摘み閼伽の水を汲んで差し上げていることを述べ、自分の罪業を助けてほしいと願い、玄賓に衣を乞う。玄賓は自分の衣を女に与える。その後、三輪の大明神に参った所の者が、御神木の杉の木に玄賓の衣が掛かっているのを見つけ、玄賓に知らせる。それを聞いた玄賓が、樒を摘み閼伽の水を汲んで来てくれる女に自分の衣を与えたことを述べると、所の者が、それは疑いなく三輪大明神で、玄賓僧都が尊いので末世の衆生済度のために女の姿となって毎日樒を摘み閼伽の水を汲んで差し上げ、御衣を御所望になったのであろうと述べる。玄賓が三輪明神のもとに行くと、自分の衣が杉の木に掛かっており、衣の褄に金色の文字で「三つの輪は清く清きぞ唐衣くると思ふな取ると思はじ」と書いてある。そして玄賓と三輪明神が会話を交わす。三輪明神は、神道では衆生済度の方便として神が人の身となることもあること、神代の昔物語は末代の衆生を済度するために方便として語られるものであること、三輪の神婚説話（苧環型）のこと、天の岩戸での舞いが神楽の起源であること、伊勢と三輪の神はもともと一体分神であることなどを語る。三輪明神とのやりとりは、玄賓の夢の中のお告げであった。（謡曲「三輪」）

三輪の玄賓庵

◇伝説探訪◇

三輪と玄賓にかかわるものとして現在最も良く知られているのは、謡曲「三輪」であろう。謡曲「三輪」には、大和国三輪の山のふもとに住む玄賓と三輪明神とのやりとりが描かれている。謡曲「三輪」の登場人物は、ワキ・玄賓僧都、シテ・女、アイ・所の者、後シテ・三輪明神である。謡曲「三輪」の作者は未詳であるが、『能本作者註文』等に世阿弥（一三六三？～一四四三？）作とある。

法相宗学問僧であった玄賓（七三四～八一八）は、桓武天皇（在位七八一～八〇六）・平城天皇（在位八〇六～八〇九）・嵯峨天皇（在位八〇九～八二三）という三代にわたる天皇に厚い信頼を寄せられたにもかかわらず、世俗的な名声を厭い、都から離れた土地に隠遁する道を選んだ。このような姿勢から、後代、玄賓は隠徳の聖の理想像ととらえられ、数々の説話が生み出されてゆくこととなったようである。玄賓は備中国（現在の岡山県）ほか各地で隠棲したとされているが、大和国三輪（現在の奈良県桜井市）においても玄賓が一時隠棲していたという伝承がある。

玄賓と三輪

玄賓が三輪に隠棲していたという伝承は、いつ頃成立したのであろうか。玄賓と三輪との関係を記した確実な記録は伝えられていないようであるが、古いものとしては、大江匡房（一〇四一～一一一一）の談話を藤原実兼（一〇八五～一一一二）が筆録したとされる『江談抄』がある。『江談抄』では弘仁五年（八一四）に玄賓が初めて律師に任じられた時に辞退して歌ったものが「三輪川の清き流れに洗てし衣の袖は更にけがさじ」の歌だと記されている。この歌が玄賓と三輪の関係を広める大きな役割を果たしてきたように思われる。しかし、弘仁五年は大僧都の玄賓が備中国湯川寺に隠遁したとされる年であり（『僧綱補任』『南都高僧伝』等）、年代が混乱していることがわかる。『江談抄』は十二世紀の初め、匡房の薨去後あまり遠くない時期に成立したと推定されているから、少なくとも玄賓が亡くなって約二百年後の平安時代末期頃には玄賓と三輪をめぐる伝承が成立していたらしいことがうかがえる。

この「三輪川」の歌は寛弘九年（一〇一二）頃の成立とされる藤原公任（九六六～一〇四一）撰『和漢朗詠集』下に収載されていることから、十一世紀初めには知られていたことがわかる。ただし、『和漢朗詠集』下では「三輪川の清き流れにすすきてしわが名をさらにまたや汚さむ」と下の句に異同があり、「玄賓」の名が記されていない諸本が多い。

また、保元三年（一一五八）頃の成立とされる藤原清輔（一一〇四～一一七七）著『袋草紙』に「玄賓僧都、三輪川のきよき流れにすすぎてしわが名をさらにまたはけがさじ」とあることから、少なくとも『江談抄』以降、この「三輪川」の歌は玄賓の歌として知られるようになったらしいことがうかがえる。

玄賓と三輪との関係を記した説話としては、建保四年（一二一六）以前成立と推定されている鴨長明（一一五五？～一二一六）著『発心集』巻一第一話「玄敏僧都、遁世逐電の事」が知られており、前半部分に、山階寺（興福寺）の学僧であった玄敏（通常は玄賓と表記）僧都が三輪川のほとりに草庵を結んで隠棲していたこと、桓武天皇から無理に呼び出されて仕方なく参上したこと、大僧都に任命されたが「三輪川のきよき流れにすすぎてし衣の袖をまたはけがさじ」という和歌を詠んで辞退してどこかへ姿を消してしまったことなどが記されている（『古事談』にも同文の説話がある）。『発心集』作者はどのようにして三輪の玄賓隠棲説話を知ったのであろうか。現在残っている資料類から単純に考えると、『江談抄』に記載されている「三輪川」の歌をめぐる簡略な説話が元となり、それに少し肉付けをして成立したのが『発心集』（もしくは『古事談』）所収の玄賓三輪隠棲説話である可能性が高いように思われる。

謡曲「三輪」と衣掛の杉

謡曲「三輪」の内容から、『発心集』や『古事談』に収載された玄賓三輪隠棲説話が時代とともに増補改変されていった様子がうかがえる。十三世紀に作成された『発心集』では「三輪河のほとり」と漠然と記されていた隠棲地が、十五世紀に作成された謡曲「三輪」では、三輪の里の「檜原の奥」に住んでいたと範囲が狭められている（現在ある玄賓庵は「檜原谷」にある）。また、奈良県桜井市三輪の大神神社《おおみわじんじゃ》には、謡曲「三輪」で玄賓が三輪明神の化身の女に与えた衣が掛かっていたとされる「衣掛の杉」がある（現在は枯れているため株だけが境内に保存されている）。

本地垂迹説や三輪流神道説をからませて作成された謡曲「三輪」の内容は、十五世紀における玄賓三輪隠棲伝説の発展という面でも興味深いものとなっている。謡曲「三輪」成立後、玄賓三輪隠棲伝説は新たな段階に入り、謡曲「三輪」の内容が核となってさらに詳細なものへと発展してゆくことになったと推定される。

中世に謡曲「三輪」が作成された後、近世に入ると地誌類に玄賓隠棲地についての具体的な記述がみえるようになる。寛政三年（一七九一）に刊行された大和国の地誌『大和名所図会』巻四「玄賓庵の旧趾」の項には、玄賓庵は三輪山の北に位置する檜原谷（一名玄賓谷）にあること、三輪社より十町・日原社より一町東にあり、樋の水が流れ、人跡稀な地であること、かつて玄賓僧都がここに隠棲したことなどが記されており、川のほとりの草庵で玄賓らしき老僧がくつろいでいる様子を描いた「玄賓庵」の絵が収載されている。さらに、『大和名所図会』巻四「三輪社」の項には「衣掛椙」の条があり「右の方に大木の杉あり。玄賓僧都の衣をかけ給ふ所なりといふ。」と記されている。そして、「三輪社」の絵の中にも「衣掛杉」の名称と杉の木の絵が描き込まれている。この十八世紀の『大和名所図会』巻四の記述から、十五世紀に作成された謡曲「三輪」の内容が着実に浸透し、「玄賓庵」や「衣掛け杉」が三輪の名所として紹介されている様子がうかがえる。一方、十八世紀の『大和名所図会』に記された「玄賓庵」という名称や「衣掛椙（杉）」の名称と逸話が、十七世紀の『大和名所記』には記されていない点も注目される。

大神神社境内にある「衣掛の杉」の切り株

三輪の玄賓庵

現在、三輪には玄賓が草庵を結んだとされる地に玄賓庵《げんぴあん》と称される寺院がある。玄賓庵には前権大納言藤原基衡（一七二一～一七九四）が著したと推定される「玄賓庵略記《げんぴあんりゃっき》」という縁起が伝えられている。「玄賓庵略記」は元亨二年（一三二二）に成立した虎関師錬『元亨釈書』巻第九「釈玄賓」の項、『発心集』巻一第一話、謡曲「三輪」などを利用して作成された可能性が高い。「玄賓庵略記」で注目されるのが「衣掛の杉」が今も枯れずにあると記されている点である。現在は枯れて切り株だけが大神神社境内に保存されているこの「衣掛の杉」は、安政四年（一八五七）七月二十四日落雷によって折れた（中山和敬氏『大神神社』による）ということであるから、「玄賓庵略記」の成立は安政四年以前ということがわかる。作者と推定される藤原基衡が亡くなったのは一七九四年であるから、基衡は枯れていない「衣掛の杉」を見ながら縁起を作成したことがうかがえる。「玄賓庵略記」でさらに注目されるのが、田中で菜を摘む美婦（神の化身）と玄賓との歌のやりとりの伝説が記されている点である。大神神社の一の鳥居の右側にあった茶店の旧地がかつて女が玄菜を摘んだ所だと記されていることから、かつては大神神社に「衣掛け杉伝説」の他に「神女菜摘み伝説」があったことがうかがえる。この「神女菜摘み伝説」は謡曲「三輪」成立後、大神神社周辺で新たに成立したものと推定される。しかし、周辺地で聞き取り調査をしても知っている人は皆無だったので、現在ではこの「神女菜摘み伝説」は消滅してしまったようである。

十二世紀初めの『江談抄』で玄賓と三輪との関係についてふれられて以降、十三世紀初めの『発心集』、十五世紀の謡曲「三輪」、十八世紀の「玄賓庵略記」と、時代とともに玄賓三輪隠棲伝説はより詳細なものへと発展していったようである。

（原田信之）

◇伝説地情報◇

三輪の玄賓庵へのアクセス

所在地　奈良県桜井市大字茅原三七三

交通手段　玄賓庵へはＪＲ桜井線「三輪駅」から徒歩約30分。大神神社へはＪＲ桜井線「三輪駅」から徒歩約5分。

21 初瀬街道

泊瀬朝倉宮跡・慈恩寺・出雲人形　桜井市

出雲村・黒崎村という所を過ぎました。このあたりは朝倉宮《あさくらのみや》・列木宮《なみきのみや》（長谷朝倉宮は第二十一代雄略天皇の都、長谷列木宮は第二十五代武烈天皇の都）の跡と聞くと、好奇心が湧いてきます。この黒崎では、家ごとに饅頭を作って売っていて、故事に詳しそうな老人がやっている家を見つけて、饅頭を食いながら例の古い宮の事を聞きました。「古い都の址とは聞いていますが、これがそれだと、確かに伝えられた証拠もございません。」と答えてくれました。（中略）脇本・慈恩寺などという里を過ぎました。ここからは「とかま山」（外山《とび》）がすぐ近くに見えます。この里の端が追分で、三輪の方へも、桜井の方へも行くことができる分かれ道です。今は少しこちらから左へわかれ、橋を渡って多武峰《とうのみね》へ行く細道にかかりました。この橋は、初瀬川の流れに架かる橋です。（本居宣長『菅笠日記』口語訳）

初瀬街道常夜灯

◇伝説探訪◇

桜井市の東部の長谷寺や遠くは伊勢神宮に向かう道は、古くから初瀬詣や伊勢参宮のための道として賑わっていた。伊勢街道や初瀬《はせ》街道と呼ばれる街道である。この道は、現在の国道一六五号線やそれと平行する旧道に当たる。また、近鉄大阪線の桜井駅から榛原駅の区間もその街道にほぼ平行して走っており、車窓からも街道の賑わいを回顧することができる。

さて、この初瀬街道沿いの伝承を少し紹介しておこう。初瀬街道沿いの桜井市慈恩寺や脇本地区には伊勢街道（初瀬街道）の常夜灯が今でも残されている。この地は明治期に朝倉村と呼ばれていたが、これは『日本書紀』（七二〇）雄略天皇の「泊瀬朝倉宮」に由来し、桜井市立朝倉小学校の辺り（桜井市脇本・黒崎）に泊瀬朝倉宮があったと推定されている。

慈恩寺阿弥陀堂

慈恩寺地区は、鎌倉時代の文献から名が見え、三輪山麓を東西に通ずる古道に沿って内垣内《うちがいと》集落が先に成立し、中世末か近世初期に初瀬川《はせがわ》沿いに新道が形成されると、人々の往来が新道に移り、新街道筋に街村集落が作られた。本居宣長の旅日記「菅笠《すががさ》日記」（一七七二）に「脇本慈恩寺なんどいふ里をゆく。此里の末を追分とかいひて。三輪の方へも。桜井の方へもゆく道のちまたなり」とあり、江戸期には初瀬詣の人々の旅宿や茶屋その他の商売が繁盛していた。

なお、この「慈恩寺」の地名は慈恩寺という寺名から付けられており、慈恩寺地区の東北方、三輪山の中腹の傾斜地に慈恩寺跡がある。この慈恩寺は大神神社の摂社・玉列《たまつら》神社の神宮寺でもあった。『大和志』や『大和名所図会』などにも「廃慈恩寺」と記されている。寺跡からは奈良時代の古瓦が出土し、奈良時代には成立したか、とされる。現在は、慈恩寺の隣の脇本地区の妙楽寺に慈恩寺から移したという大日如来像（平安時代後期作）が安置され、現地には阿弥陀堂を残すのみになった。ちなみに、慈恩寺区の伝承では、慈恩寺は奈良時代くらいから江戸時代以前まで法相宗の大本山興福寺の領地にあったが、長谷寺との領地争いに負け、長谷寺の僧兵に焼き討ちにあった、と伝わる。『角川日本地名大辞典　奈良県』「慈恩寺」の項には、創建の時期は明らかではないが、平安時代延久二年（一〇七〇）の雑役免帳に慈恩寺の寺田の所在が確認でき、「東大寺法華堂要録」文明四年（一四七二）十二月八日条の記述から戦国時代までは存続したが、その後廃絶したらしい、とする。室町時代には長谷寺と寺域の橋の管理権を巡って相論になったり、多武峰の勢力が進出してきて争ったりしたこともあった。

出雲人形

今より約二千年前、第十一代垂仁《すいにん》天皇の御代三十二年七月、皇后日葉酢《ひばす》媛命《ひめのみこと》が薨去《こうきょ》なされました。その葬儀に先立って殉死の遺風を改めようとされた天皇は、当麻蹶《たいまのけ》速《はや》との相撲で出雲の国より大和に召し出されていた野《の》見宿禰《みのすくね》の「土の人馬や種々の形を造りこれに替えられては」との意見をお取り上げになりました。野見宿禰は出雲の国より土部《はじべ》百人を呼び寄せ、土師《はじの》連《むらじ》として今の桜井市出雲に住み、土偶製作に当ったと伝えられています。又、このようにして造られたものが後の埴輪と言われているものであります。その後出雲には土偶を造り販売する家が沢山あり長谷詣りの土産物として非常に喜ばれて来ましたが、明治の末期より交通機関の発達するにつれ、当地を訪れる人も少なくなり、製作も杜絶の状態で今日に至りました。この度窯元であった当家では昔そのままの技術を活かし、この伝統文化の再興を図ることになりました。素朴であり野趣味に富み、そして昔を偲ばせる数々の人形は、その源が遠く大和時代の埴輪に始まり連綿として伝わっていることを思えば、誠に誇り高い郷土民芸品と考えられます。広く鑑賞されますれば幸いと存じ上げます。窯元　水野佳珠

（「大和の出雲人形由来」）

どっしりとした力強さをもつ素朴な形、あざやかな彩色の出雲人形は、初瀬街道沿いにある出雲集落の伝統的な民

出雲人形

芸品として名高い。人々が歩いて長谷寺や伊勢神宮に向けて街道を旅していたころは、この土人形をつくって販売する家が出雲にたくさんあり、長谷詣の土産物としてたいへん人気があったそうだ。由来にあるように人形の歴史は古く、約二千年前につくられはじめた埴輪がその起源だと伝承されている。第十一代垂仁《すいにん》天皇の皇后日葉酢《ひばす》媛命《ひめのみこと》が薨去したとき、天皇は出雲国から当麻蹴速《たいまのけはや》との勝負のために大和に召し出されていた相撲の始祖・野見宿禰《のみのすくね》の進言を採り上げ、近習者が殉死する習俗を改めることにした。出雲国から呼び寄せた土師部《はじべ》百人が製作にあたり、それ以来、人物や動物等をかたどった埴輪が副葬された。そして、野見宿禰は土師連の姓を賜り、土師部たちの住む集落が出雲と呼ばれるようになった、という。大和の古墳からは人物埴輪は出土しておらず、伝説の域を出ない話だが、長谷寺のある初瀬の宿を目前に、控えの小さな宿場として賑わった出雲では、昔から人形が名物となっていた。村の北裏山の麓に登り窯が築かれ、農閑期になると老若男女を挙げて何百何千もの人形を製作し、長谷寺門前の土産店にも卸していたという。文化八年（一八一一）、「初瀬流れ」と言われる大洪水があり、出雲人形の古い型が多く流出してしまった。また、明治末期ころから鉄道や車等の交通機関が発達したため、街道沿いの出雲集落に立ち寄る人が少なくなり、人形づくりが困難な時代となっていった。

　現在、出雲人形をつくる窯元は二軒あり、出雲の水野佳珠《かず》さんは、伊勢の萬古窯等を訪ねて研究を重ねたご主人の祖父・水野徳造氏の意志を継ぎ、姑に習って八代目となって看板「初瀬名産大和出雲人形　窯元　水野徳造」を掲げて制作を続けておられる。水野家に残された土型には天保五年（一八三四）のヘラ書きの残るものがあり、初代・清七の作という。人形は、奈良市内元興寺近くの通称奈良町にある郷土玩具店「瑜伽《ゆが》」さんやインターネットの各店舗でも取り扱っている。

また、初瀬の厳樫《いつかし》幸子さんは、三十年程前に自宅の縁の下から見つかった人形型を使い、当時習っていた陶芸の先生の助言を仰ぎながら制作を始めた。現在は長谷寺門前町の自宅の一部を改装して茶屋の「お抹茶いつかし」を開いており、そこで出雲人形を購入することができる。水野さんの作品より少し新しい色使いをされている点が異なる。

出雲人形はひと昔前までは「ベト人形」とも呼ばれた素朴な素焼き人形で、伏見人形の製法が江戸期に伝わったとも言われている。人形の種類は現在一八種類ほど。「三番叟」「大黒」「俵牛」「天神様」などの縁起物の他に、「唐人」「力士」「いのしし乗り」「饅頭喰い」などの時代や世相、習俗を感じさせるものまで幅広く存在している。

さらに、桜井市出雲の十二柱神社には野見宿禰の五輪塔（鎌倉時代の作成）があり、野見宿禰が住んでいたという伝承が残されている。この十二柱神社の狛犬二体はそれぞれ四人ずつの力士に支えられた珍しい石像であり、野見宿禰の伝承（相撲と埴輪の祖）が色濃く伝わる地域である。

出雲人形の由来に関わる垂仁天皇は埴輪起源説話以外にも、皇后の兄の反乱物語・伊勢の斎宮成立・農業用池の開削・石上神宮の神宝・相撲の起源説話・橘の起源説話など多くの起源説話に関わる神話的要素の多い天皇である。詳しくは『古事記』『日本書紀』を読んでいただきたい。

（西川　学）

◇伝説地情報◇

初瀬街道常夜灯へのアクセス

近鉄大阪線大和朝倉駅下車北西へ二五〇メートル。この地より北東へ二・〇㎞の間にも常夜灯が何基かあり、初瀬街道の往時をしのばせる旧道が続く。

慈恩寺阿弥陀堂へのアクセス

近鉄大阪線大和朝倉駅下車北へ五〇〇m

出雲人形

初瀬名産大和いずも人形　窯元水野徳造　水野佳珠

所在地　桜井市出雲一二〇八　桜井市コミュニティバス「出雲」下車すぐ。近鉄大阪線長谷寺駅下車西へ一・六㎞

三番叟・天神　各三二四〇円　力士　三七八〇円　唐人　二四八四円　等　一八種類

22 布留郷ナモデ踊りの由来

天理市布留町

さてさて、なもで踊の御由来を申しお聞かせいたします。昔々とっとの昔、神代の頃、出雲の国に、「手なづち」「足なづち」と申しあげる夫婦の国つ神がおいでになりました。多くの娘をお持ちでした。またその国に「矢田のおろち」と申しまして、頭が八つある、岡谷にまたがるほどの大蛇がおりましたが、どうしようもないいたずら者でございまして、かの多くの娘たちを一飲みに飲み食らいました。中でも「稲田姫」と申し上げる女性は類なく美しくいらっしゃいましたので、この姫だけはなんとかして助けたくお思いでしたけれども、どうしようもなくて、ただ夫婦で寄り集まって嘆いてらっしゃいましたのを、「そさのをの尊」がお聞き及びになりまして、「さてさて気の毒なことよ、なんとかしてかの大蛇を滅ぼし、稲田姫の命を助けよう」とお思いになりました。まず大きな八つのもたい（酒を入れる器）に毒の酒を入れ、その上に床を設けて稲田姫を座らせ、もたいの中に影が映るように拵えられまして待ち受けておりますと、かの大蛇、突然海山も鳴りとどろかせてやってきました。もとより酒は好物、もたいの中に影が映り、思わず知らず、八つの酒壺の内に八つの頭を入れて酒を飲みましたところ、いかなる大蛇もたまったものではなく、毒の酒に大いに酔って苦しみ、そこらをのたうち回っているところを、「そさのをの尊」は宝剣を抜き持ってずたずたに斬り殺しました。するとなにやら剣に当たる物があり取り出されました時に、八色の雲が立ち昇りましたので、そこを「出雲の国」とお定めになりました。さて、「そさのをの尊」は「稲田姫」を元の如くそこに宮殿をお作りになってお住まわせになりました。今の出雲大社の御神がこれです。その時詠んだ「そさのをの尊」の歌は「八雲立つ出雲八重垣妻こめに八重垣作るその八重垣を」というものです。これが三十一文字の和歌の始めです。さて、その後、かの大蛇の腹にありました「天《あま》の村雲の剣」を大和国布留の社にお納めになりました。布留大明神の御神体がこれです。その後、氏子らが寄り合い、かの大蛇の弔いのためにこの「なもで踊」ということが始まりました。すなわち、なもで踊の「双太鼓」は大蛇の頭、十二人の「腹太鼓」は十二の角、「平太鼓」は大蛇の筒の体を象っています。「早馬」は大蛇の手足を表していて、口に「南無阿弥陀仏」と唱えます。誠にこれ、「狂言綺語の戯れ」(偽り多き芸能の遊び)のことながら、「讃仏成因縁」(仏の功徳を讃える御縁)でございますので、ご見物の方々も我慢して、勝手気ままに押し合いへし合いなさらず、共に神妙になさって、とっくと御見物なさるのが肝要です。拝々敬白

元禄十五年二月二十日

智恵之ねき大輔

◇伝説探訪◇

大和のナモデ踊り

かつて奈良盆地では、「ナモデ踊り」と呼ばれる踊りが広く伝承されていた。ほとんどの地域では早くに廃絶したが、天理市新泉町にある大和《おおやまと》神社ではその伝統を引き継ごうと、古老の記憶などを参考にして昭和三十四年にナモデ踊りの一種である「しで踊り」を復興、現在も九月の秋分の日に朝和地区の女性を中心として「紅幣《べにしで》踊り」が奉納されている。また、奈良県生駒郡安堵町でも、絵馬や歌本などを参考にして「なもで踊り」を再現し、平成七年から飽波《あくなみ》神社の秋祭(十月第四土曜)に奉納しており、新たな観光行事となっている。

ナモデ踊りは、神に祈願を掛けて願が叶ったらお礼に奉納する「願満」の踊りで、奈良盆地の村々は昔から深刻な干魃《かんばつ》に悩まされてきたので、主として雨乞い祈願の際に踊られた。奈良県では、雨乞いに風流《ふりゅう》踊り系統の太鼓踊

大和神社の紅幣踊り

飽波神社のなもで踊り

りも伝承されていたが、ナモデ踊りは、風流踊りの母胎となった風流囃子物につながる古風な芸能だと考えられる（『奈良県の民俗芸能1』第一部総論　植木行宣「奈良県の民俗芸能」）。ナモデ踊りは、太鼓や鉦《かね》などで囃《はや》して集落のあちらこちらに移動し、それぞれの場所で短い小歌を歌って踊られた。歌の最後には「みんだあんぶ　なあむあんみんだあんぶ」「さあなもで」などといった長い念仏の囃子がつき、念仏で囃すことによって旱魃をもたらす悪霊が祓われると考えられた。「ナモデ踊り」という一風変わった名称は、この「南無阿弥陀仏」の囃子が訛ったものである。

ナモデ踊りは布留郷、大和郷《おおやまと》、三輪郷など、大きな神社を中心にして数十ヶ村が連合して形成された「郷」ごとに、村々から立合の形で奉納されたが、中でも布留社（現在の石上神宮《いそのかみ》）を中心とする布留郷の踊りは、特に古い伝承をもつものである。奈良県立図書情報館蔵『庁中漫録』に「大和乃国のなもておとりは、此布留の郷より事をこれり」とあって、ナモデ踊りの発祥地とされている。『多聞院日記』には、元亀元年（一五七〇）七月十八日条に、「布留宮へ郷ヨリヲトリ在之、立願果遂云々」とあるのをはじめ、布留郷の村々から「布留宮」にしばしば祈雨や祈雨願果たしの踊りが奉納された記事が散見し、古く室町時代に布留社で祈雨の踊りが奉納されていたことが確認できる。これが布留郷など近世大和で広く行われるようになったナモデ踊りの原型であったと考えられる。

布留郷の「なもで踊由来書」

冒頭の文章は、石上神宮の氏子である旧家に伝わった文書を現代文に訳したものである。「なもで踊由来書」という表題がつけられて『天理市史史料編第一巻』に翻刻されている。内容は、ナモデ踊りの由来を八岐大蛇退治伝説に附会して述べたものである。しかし、昔からの伝承を後世に伝えるための覚えとして書き留めたというだけのものではなさそうである。末尾に、「御見物の方々も我慢放逸に押し合いへし合い給わず、共に神妙に御座なされ、とっく

糸井神社の太鼓踊り絵馬

と御見物が肝要」という、見物人に押し合わず静かに見るようにと注意をする文言が見られるからである。この語り口は実際のナモデ踊りが行われる場で述べられたものであることを物語っていよう。つまりこれは、踊りが奉納される時に述べた口上を書き留めたものだと考えられる。「智恵之ねき大輔（智恵之禰宜太夫）」という名前も、無論本名ではなく、神職に扮した進行役の名乗りであろう。風流踊りには踊りの司会をする「しんぼち（新発意）」という役があることが知られている。例えば、奈良市月ヶ瀬石打の太鼓踊りでは「神夫《しんぶ》知《ち》」役の少年が登場し、踊りに先立って踊りの由来を語る口上を述べるが、「智恵之ねき大輔」もこれに類する役柄であろうと考えられる。磯城郡川西町結崎の糸井神社所蔵の太鼓踊り絵馬や、生駒郡安堵町の飽波神社所蔵のなもで踊り絵馬には、鳥居の下で、烏帽子を被り手に持った幣を振って踊る人物が描かれているが、この人物が進行役の「禰宜」ではなかったかと考えられる。「なもで踊由来書」の文書のこうした性格を考慮しながら、文書の内容を見ていくことにする。

石上神宮摂社出雲建雄神社

「なもで踊由来書」の伝承

前半の大蛇を退治する話は、『古事記』『日本書紀』で知られる素戔嗚尊の八岐大蛇退治の神話をもとにした話である。表記の違いや細かい差異はあるが、内容の大筋はほぼ一致している。ただ、大蛇の体内から出てきた剣については、記紀や『先代旧事本紀』とも異なっているので簡単に整理しておきたい。

「なもで踊由来書」では、大蛇の腹から出てきた剣は「あまの村雲の剣」で布留社に納められたとされている。『古事記』では大蛇の尾から出たのが「草那芸之大刀」で天照御大神に献上したとある。『日本書紀』では「草薙剣」とし、「一書に曰はく」として元の名を「天叢雲剣」といい日本武《やまとたける》皇子《のみこ》に至って名を「草薙剣」と改めたという説、熱田神宮の御神体であるという説が載せられている。『先代旧事本紀』にも、尾から出た剣が「天叢雲剣」で、後に「草薙剣」と号し、今は熱田神宮の御神体として納められているとある。また歴史上では「草薙剣」または「天叢雲剣」と呼ばれる剣は熱田神宮の御神体とされ、その形代が三種の神器の一つとして宮中に安置されたが、安徳天皇の入水とともに海に沈んだとされている。一方、石上神宮にあるとされるのは、大蛇を斬った剣の方である。この剣は、「十拳《とつか》剣」「十握《とつか》剣」、また「蛇《おろち》之《の》麁正《あらまさ》」「天羽羽斬」等とよばれ、『日本書紀』一書二と『古語拾遺』『先代旧事本紀』に、今石上神宮にあると書かれている。このように、「なもで踊由来書」の大蛇の腹から出てきた「あまの村雲の剣」が布留社に納められたという説は、史書とは異なる伝承なのである。

では、現在の石上神宮の伝承はどうだろうか。古代の石上神社は物部氏の氏神にして軍事を司る国家鎮護の神であり、七支刀を始めとする数多くの剣が納められた武器庫の役割を果たしていた。三柱の祭神が祀られており、主祭神は、神武天皇が東征した時に帯びていた神剣「韴霊《ふつのみたま》」に宿る御霊威である布都御魂大神《ふつのみたまのおおかみ》である。そして三神のうちの一神である布都斯魂大神《ふつしみたまのおおかみ》が、八岐大蛇を斬った天十握剣《あめのとつかのつるぎ》に宿る御霊威であるとされている。また石上神宮には摂社として、延喜式内社出雲建雄《いづもたけお》神社が祀られているが、出雲建雄神社の祭神出雲建雄神は、八岐大蛇の体内からでてきた草薙剣の荒魂である。つまり大蛇を斬った剣と大蛇の体内から出てきた剣のどちらも御神体として祀られているのである。文安三年（一四四六）の『和州布留大明神御縁記』には、蛇の体内からでた宝剣が草薙剣であり、天叢雲剣とも言い、石上大明神と現じた、と記されている。「なもで踊由来書」に書かれた伝説は踊りを奉納する石上神宮の伝承に基づいたものであることがわかる。

「なもで踊由来書」の後半では、退治された大蛇の供養のためにナモデ踊りが始められたとあり、ナモデ踊りの「双太鼓」「腹太鼓」「平太鼓」「早馬」は、大蛇の頭や角や体や手足を象っていると述べられている。これらはナモデ踊りで用いられる楽器であり、その楽器を奏する役名でもある。ナモデ踊りの役については、文化十年（一八一三）頃に出された『大和高取藩風俗問状答』の「南無手踊」の記述が参考になる。布留郷のものではないが、布留社や三輪社などにも南無手《なむで》踊があることに言及し「大概は相似たる也」とある。

高取城下の式は、行列又場所にても警固に天狗の面、或は鬼の面をかぶりたるもの、棒をつき群衆の人を払ふ。其次早馬と申おどり子小太鼓を持、唐子衣裳花笠、其次中踊と申、色々の染帷子花笠してを持村も有花を持村も有音頭取華は笠染帷子にてしでを持、所々に分りて拍子をとる。頭太鼓は唐子衣裳花笠踊の内に赤熊を加ふることもあり、此太鼓に合せて踊る。法螺貝・横笛・叩鉦にて調子を合せる。押には腹太鼓とて後に御幣を負ひ、腹に太鼓を括りつけ、

『雨乞紙手おとりの歌』表紙（石上神宮所蔵）

幣を引かけ赤熊をかぶる。踊は一番より五番まで手をかへ踊り候。村ごとに少しづゝ手を替り候ゆへ一村々々分て踊る。踊の内に歌は音頭取諷ひ候

これによれば、踊りの役は、天狗の面や鬼の面をかぶり棒をついて群衆を払う「警固」、唐子衣装で小太鼓を持つ「早馬」、染め帷子を着てしでや花をもって踊る「中踊」、しでを持ち歌を歌う「音頭取」、唐子衣装で太鼓を打つ「頭太鼓」、腹に太鼓をつけ背に御幣を負い赤熊《しゃぐま》を被って踊る「腹太鼓」、その他「法螺貝」「横笛」「叩鉦」の諸役があったことがわかる。「なもで踊由来書」にいう「腹太鼓」は、背に御幣をさし腹に太鼓をくくりつけて踊る役、「早馬」は唐子の装束を身につけて小太鼓を叩く子ども達の役であることがわかる。「双太鼓」は恐らく「頭太鼓」のことで大太鼓を二つ並べて叩くのであろう。「平太鼓」は胴の短い平たい太鼓のことであるが、ここには書かれていない。この太鼓の役は文化十年には廃れてしまっていたのであろう。

このように、「なもで踊由来書」では、ナモデ踊りの実際の役を大蛇の体になぞらえ、殺された大蛇の霊を鎮めるために始められたとしている。石上神宮と関わる八岐大蛇神話に附会しているわけだが、供養のための踊りとするのは、念仏で鎮魂するというナモデ踊りの性格を表している。

昭和五年の復興

ナモデ踊りは江戸時代を通して盛んに行われ、明治の終わり頃まで踊られていたが、雨乞いの習俗が廃れるに従い行われなくなった。昭和五年四月八日、長く踊られなかったナモデ踊りが復元されて、「BK大阪中央放送」（現NHK大阪放送局）でラジオ放送された。その際に『雨乞紙手おとりの歌』（昭和五年印刷）という歌本が作られたが、一冊が石上神宮に所蔵されている。その歌本から、ナモデ踊りの歌の一つを引用する。「雨乞紙手おどり」という名称は、白い御幣を持って踊った芸態からきている。これが石上神宮でナモデ踊りが踊られた最後の機会となった。

山伏は宿とりかあねて歌をよむ、何とよむ、何とよむ。茶屋の前なるきいわい坂、松に桜はちりかかある、おーもしろやな、おーもしろやな、松より桜はおんもふしろ。みんだああんぶ、南無阿、みんだああんぶ、てっつく〱つ、てっつく、ててっつく、てっつく〱〱ってして、さなもで

（山伏は宿をとることができないで歌を詠んだ。何と詠んだか。茶屋の前の険しい坂、生えている松に桜の花が散りかかる。おもしろいな、松より桜がおもしろいな）

（佐々木聖佳）

◇伝説地情報◇

行事

二月節分前夜　玉の緒祭　当日節分祭
六月三十日　神剣渡御祭（でんでん祭）　お渡り、御田植神事
十月十五日　例祭（ふるまつり）　お渡り
三月末〜四月中旬　天理桜祭

お土産

七支刀クリアファイル　初穂料二枚一組五〇〇円

七支刀タイピン・ブローチ　初穂料三〇〇〇円

勾玉腕輪御守　初穂料三〇〇〇円

石上神宮へのアクセス

所在地　奈良県天理市布留町三八四

交通手段　ＪＲ・近鉄天理駅下車　東方へ徒歩30分。タクシーにて5分。

23 本居宣長の歩いた道

桜井市、宇陀市

昔、子のないのを嘆いた父が「子守明神」といわれる吉野水分神社に願を掛けた。宣長は「こうして生まれたのが自分だ」と深く信じていた。父は子が十三歳になったなら必ず連れてお礼参りをさせると常々言っていた。ところが宣長が十一歳の時に父は思いを果たせずに亡くなってしまったのである。宣長は十三歳の時に亡き父の誓いどおり同社へ参拝した。長じて物事がわかってからもう一度参拝したいと願いつつ毎朝子守明神を遥拝していた。三十年後、四十三歳になった宣長は今ようやくそれがかなうと意気込んで松坂から初瀬《はせ》街道を通って吉野へと旅に出た。

（『菅笠日記《すががさのにっき》』による）

明和九年（一七七二）三月五日、本居宣長は『菅笠日記《すががさのにっき》』の旅に出るが、宣長の誕生そのものが「伝説」に満ちている。宣長は『万葉集』や『古事記』などの故地を尋ねた。『菅笠日記』に、

はいばらといふ所にとまりぬ。此里の名。萩原と書るを見れば。何とかやなつかしく

とあるが、その榛原《はいばら》で宣長が宿泊したと言われている旧旅籠「あぶらや」が宇陀市榛原萩原《はいばらはぎはら》に今も残っている。

あぶらや

宣長は清少納言が長谷寺に参拝したことを思いだして、

名も高くはつせの寺のかねてよりき丶こしおとを今ぞ聞ける

という歌まで詠んだことを『菅笠日記』に記している。

◇伝説探訪◇

長谷寺《はせでら》の観音と初瀬石《とませいし》（桜井市初瀬）

長谷寺の十一面観音像について『今昔物語集』はおよそ次ような伝承を記している。

その昔大水が出たとき大木が近江国高島郡に流れ着いた。村人がその木の端を伐るとその人の家が焼け、またその村に病が流行って多くの死者が出た。占いの結果、原因はこの木であるということになり、誰も近づかなくなった。たまたま通りかかった大和国葛木下郡にすむ人がその木のいわれを聞き、「私がこの木で十一面観音を造ろう」と思った。すぐにその木を持ち帰ることはできなかったが、後にお告げを受けたその人は、人を伴って引いてみると意外に軽くその木を動かすことができた。大和国葛木下郡当麻郷まで引いてきたが、その人は思いを果たすことなく死んでしまい、また八十年余りが経過した。その頃その郷に病が流行り皆が苦しんだが、この時もやはりその木のせいだと言うことになった。木を引いてきた男の息子が責めたてられ、郷の人と一緒に長谷川の岸に木を引いて行って捨てた。更に二十年後に徳道上人が「これは霊木に違いない、この木で十一面観音を造ろう」として引いて行ったがすぐには造ることができず、七、八年その木に向かって「願を遂げたいのです」と祈った。元正天皇や藤原房前の助力を得て神亀四年（七二七）に十一面観音像は完成した。徳道上人の夢に神が現れ、「北の峰の下に大きな岩があるので、それを掘り出して観音像をその上に立てよ」と告げた。行ってみると夢のお告げのとおりの岩があり、その上に観音像を立てて供養すると、その霊験はわが国のみならず震旦の国にまで及んだ。

多少の違いはあるが『長谷寺縁起文』や『三宝絵』、『古事談』もこれと同様の伝承を伝えている。

また、『長谷寺縁起』によれば、泊瀬《はせ》の河上の瀧蔵《たきぐら》の社を脇にして天人が造った毘沙門天王が祀られており、その御手の宝塔が流れて与喜山の麓である神河の瀬にとどまったという。地元の人は、そこの大きな石を「初瀬石」と呼んでいるとのことである（『大和の伝説』）。流れてきた宝塔が「泊《とま》った」ので「泊瀬《とませ》石」という訳である。『長谷寺縁起絵』の詞書にも「はせの河かみ瀧蔵の社を脇して天人所造の毗沙門天王います其御手の宝塔流て此山の麓神河の瀬に泊る」とある。

初瀬石

みょうと饅頭（桜井市黒崎）

明和九年（一七七二）三月七日、宣長は長谷寺を出て武烈天皇長谷列木宮伝承地である出雲村（現桜井市出雲）にさしかかった。宣長は、雄略天皇長谷朝倉宮伝承地の黒崎村（現同市黒崎）へとさしかかり、いにしえの宮々のことを尋ねがてら、黒崎名物の饅頭を食いに年老いた主人のいる饅頭屋に立ち寄る。しかし期待は外れ、その饅頭屋の老主人は「ふるき都のあと」と聞いているけれど確かな「しるし」の所もありません、と答えるのみであった。

（『菅笠日記』による）

さて、その黒崎の饅頭であるが、長谷寺参詣の旅人の間では相当有名であったらしく、『菅笠日記』以外にも、享保二十一年（一七三六）出版の『大和志』に城上郡（現桜井市のあたり）の土産として「（三輪馬場金屋三村（中略）三

復活したみょうと饅頭

輪索麺《そうめん》」と共に「饅頭黒崎村」と見えるのを始めとして、江戸時代末期の文献に散見する。

武州入間郡下新井村（現埼玉県所沢市下新井）の倉治郎以下十三名の旅日記である『嘉永五年正月二日　道中日記』には

西国八ばん札所、爰《ここ》ニ観世音有、外ニ参り所多シ、（中略）次ニ黒崎村、まんぢう名物なり、一ツ二文、

また天誅組の伴林光平《ともばやしみつひら》が著した『南山踏雲録』には、

文久三年（一八六三）九月二十二日に泊瀬を出て三輪に行く。途中に黒崎という村がある。ここは雄略天皇の宮跡と言われており、家々が立ち並んで山里のように見えないのは古い都の名残なのだろう。その村に「里中ニ饅頭テフモノヲヒサク屋アリ」、鄙びた少女達も花を折りとって客の心をひきつける

とある。

日本最大級の小説である中里介山の『大菩薩峠』の「壬生と島原の巻」にも、主人公机竜之助が黒崎の饅頭を食うシーンがある。

どこぞで飯を食おう。しかし懐中《ふところ》が甚だ淋しい――立派な飯屋へは入れない。何か食わねばならん。町を少し行くと饅頭屋。黒崎というところから出た名代《なだい》の女夫饅頭《めおとまんぢゅう》、「黒崎といへども白き肌と肌、合せて味《うま》い女夫まんぢゅう」と狂歌が看板に書いて出してある、この店へ入って行った竜之助。（中略）夢中でその盆を平げてまた一

盆。渋茶の茶碗を下に置いて、「亭主、いくらになる」「へえ、有難うござります、百と五十いただきます」百二十文しか持ち合わせがない机竜之助が代官所行きを恐れて刀を亭主に差し出すと、亭主は「わずか三十文のところを手厳《てきび》しく言うでもないが、いくら饅頭屋《まんぢゆうや》だからというて、甘くばかり見せておられぬわい」と洒落《しやれ》てみせる。先に掲げた『嘉永五年正月二日　道中日記』によれば「(饅頭が)一ツ二文」であるから、単純計算で机竜之助は七十五個を食した計算になる。

俚謡にも「親の乳よりまだ甘いものは、松屋まんじゅうか城の口」と歌われている。この黒崎の「みょうと(夫婦)饅頭」も、有名な「城の口餅」に負けない名物だったのである。

明治末期にこの地に軽便鉄道が開通し、さらに昭和初期には大阪伊勢間が直接鉄路で結ばれるに至って、長谷寺や伊勢神宮参拝客が黒崎で足を止めることはほとんどなくなり、最後まで饅頭を商ってきた松屋もやがて店を閉じたという。ただ、松屋の建物は改築を施されながら現在も初瀬街道沿いに残っている。みょうと饅頭は白皮饅頭と赤皮饅頭で真ん中の餡をサンドイッチしたような三重の形状であったようである。

みょうと饅頭はまぼろしとなりつつあったが、その後昭和二十九年(一九五四)春に行われた桜井町と安倍、多武峯、朝倉三村との合併記念郷土資料展に、製法を伝える最後の人が再び製作して出品し、評判となったこともあったそうである。

復活の試みも一度ならずあったようであるが、すべて立ち消えに終わった。

ところが、春日大社の岡本章夫権宮司やフリーペーパー『やまとびと』の発行元である共栄印刷の堀井清孝社長の尽力により、平成二十四年(二〇一二)九月にようやく復活に至った。実際の製造は萬御菓子誂處「樫舎《かしや》」の喜多誠《じよう》一郎《いちろう》社長が資料にもとづいて製餡からすべて手作りで行っている。喜多氏は明治二年(一八六九)創業の菓子老舗に生まれ、伝統的な和菓子の製法に精通しながらも旧套墨守を誡め、時代とともに改良を重ねて生き残るのが銘菓であるという信念で菓子作りを行っている。餡の組成を電子顕微鏡レベルまで追究する現代の真の職人である。復活したみょうと饅頭が現代人の私達の口にもよく合うゆえんである。

（藤原享和）

◇伝説地情報◇

●みどころ

現在は国道一六五号線が初瀬街道と呼ばれることが多いが、黒崎付近などでは国道より一筋南の道が本来の初瀬街道の面影をよく伝える。

●おみやげ

埴輪の祖野見宿禰伝承に連なる「出雲人形」。一時途絶えていたが、現在は水野佳珠《かず》さんが製作。

奈良県指定伝統的工芸品。

販売は「井上ぼたん堂」奈良県桜井市初瀬七七三、「瑜伽《ゆが》」奈良市下御門町三―一

復活したみょうと饅頭である「やまとびと夫婦饅頭（商品名）」。

販売は「やまとびとのこころ店」桜井市初瀬八三〇

出雲人形

長谷寺へのアクセス
所在地　奈良県桜井市初瀬七三一―一
近鉄大阪線長谷寺駅下車徒歩15分。

黒崎へのアクセス
所在地　桜井市黒崎
近鉄大阪線・ＪＲ桜井線桜井駅（南口）より桜井市コミュニティバス桜井初瀬線黒崎下車、または近鉄桜井線大和朝倉駅から徒歩15分。

天理教教会本部

24 泥海からはじまる世界　天理市

このよふハほんもとなるハどろのうみ　もとなるかみハ月日さまなり

（この世は　本元なるは　泥の海　元なる神は　月日様なり）

天理教の創世神話である「こふき」（和歌体明治十四年本）は、右のような一節から始まる。「こふき」は、「泥海古《どろうみこう》記《き》」とも通称されるように、世界はもともとが「泥の海」であったと述べる。そしてそこには「月日《つきひ》様」とよばれる神だけがあった。この神こそ親神《おやがみ》とよばれる創造神・天理《てんり》王命《おうのみこと》である（以下、「こふき」和歌体明治十四年本の和歌を引用するが、神話全体の内容は「こふき」のほか『おふでさき』『天理教教典』などにも依拠している）。

泥の海のなかには無数のドジョウが棲んでいた。親神はそのなかに魚《うお》と巳《み》（蛇）を見出した。

みすませバどろうみなかにみへてある　うをとみいとがまじりいるなり

（見澄ませば　泥海中に　見えてある　魚と巳とが　混じりいるなり）

親神は魚と巳とを夫婦の雛形とし、それぞれに「いざなぎのみこと」「いざなみのみこと」と名前をつけた。そして、各方位から六種の動物をよびよせて食べ、「道具」として雛形に仕込んだ。六種の動物とは、乾《いぬい》（北西）からの「しゃち」、巽《たつみ》（南東）からの「かめ」、東からの「うなぎ」、坤《ひつじさる》（南西）からの「かれい」、西からの「くろぐつな」、艮《うしとら》（北東）からの「ふぐ」であった。これらの動物には、しゃち＝「月よみのみこと」、かめ＝「くにさづちのみこと」、うなぎ＝「くもよみのみこと」、かれい＝「かしこねのみこと」、くろぐつな＝「をふとのべのみこと」、ふぐ＝たいしょく天と、それぞれ神名が付けられた。

天理教の文献には、このように様々な神仏の名前が登場する。「いざなぎのみこと」「いざなみのみこと」は、言うまでもなく、日本の神話において日本列島を創造した伊弉諾《いざなぎ》・伊弉冉《いざなみ》のことであろう。しかし、天理教の教理では、これらの神々はいずれも親神が使った道具や雛形などに対して名前をつけたものとされ、親神と並ぶ神というわけではない。これらの神仏の名前から誤解されることもあるが、天理教はアジアを代表する一神教の一つである。

さて、親神は泥海のドジョウを食べ尽くして人間の「たね」とし、月様は「いざなぎのみこと」に、日様は「いざなみのみこと」に入り込んだ。「いざなみのみこと」の胎内には九億九万九千九百九十九人（「億」には十万の意味もある）の人間が宿され、その後人間とともに世界が生み出されることになる。

これよりも九をく九まんと九千人　九百九十九人こかずを
（これよりも　九億九万と九千人　九百九十九人　子数を）
このじばで三日三よさにやどしこみ　三年三月とゞまりありて
（このじばで　三日三夜に　宿し込み　三年三月留まりありて）

これよりな大和のくにのならはせの　七りのあいだ七日か丶りて

（これよりな　大和国の　奈良・初瀬の　七里の間　七日かかりて）

うみをろしのこるやまとハ四日にて　うみをろしありこれでかみがた

（産み下ろし残る大和は　四日にて　産み下ろしあり　これで神館）

やましろにいがかハちいとさんがくに　十九日にてうみをろしあり

（山城に　伊賀・河内と三国に　十九日にて産み下ろしあり）

「いざなみのみこと」が三日三晩かけて人間を宿し、三年三ヶ月をかけて留まったという「ぢば」（この和歌体明治十四年本では「じば」と記されている）こそが世界が創造された場所である。この場所から、世界が生み出された。「奈良・初瀬の七里の間」からはじまって、大和国（奈良県）全域、山城国（京都）、伊賀、河内という具合に、この世界は誕生したのである。

その後「いざなみのみこと」から最初に生み出された人間は、五分（約一・五センチメートル）ほどしかなく、九十九年かかってやっと三寸（約九センチメートル）ほどまでに成長したものの、全滅してしまった。二回目は三寸五分まで、三回目は四寸まで成長したが、やはり全滅した。その後人間は、虫や鳥、動物などに八千八回の転生を繰り返し、最後に「めざる」（雌猿）から男女五人ずつの人間が生まれた。この人間が八寸（約二四センチメートル）になったときに、世界に高いところと低いところができて、陸地ができた。五尺になるまでに、人間は言葉を発するようになり、世界も完成して、泥海を出て陸上で生活するようになった。

このにんを五尺なるにうみ山も　てんちせかいもみなでけました

（この人を　五尺なるに　海・山も　天地世界も　皆出来ました）

みづなかをはなれでましてちのうへに　あかりましたるそのときまでに
（水中を　離れ出まして　地の上へ　上がりましたる　その時までに）
その後、九億九万人、九千九百九十九年という長い年月を経て、親神は、中山みき（一七九八〜一八八七）を「やしろ」としてこの世界に現れた。天保九年（一八三八年）十月二十六日、天理教のはじまりである。親神の発現は、「いざなみのみこと」が人間を宿した際に予言されていたことであった。九億九万人、九千九百九十九という数字は、いざなみのみことが宿した人間の数である。
にんげんのこかずハ九をく九まん人　九千九百九十九人や
（人間の　子数は九億九万人　九千九百九十九人や）
このねんをたちたるならバいんねんの　もとのやしきへつれかゑりてぞ
（この年を　経ちたるならば　因縁の　元のやしきへ連れ

詰所のひとつ

帰りてぞ）

人間と世界が創造された「ぢば」の場所には、現在、天理教教会本部がある。中央の神殿には「かんろだい（甘露台）」が据えられ、そこが「ぢば」であることを示している。

◇伝説探訪◇

天理市は、一見どこにでもある地方都市である。しかしその中心部を歩いていると、他の町にはない独特の街並みに気がつくだろう。天理教教会本部の周辺には、日本家屋の屋根を持つマンションのような建物がいくつも建っている。そしてこの施設には日本全国の地名、あるいはブラジルやソウルといった海外の地名とともに、「詰所《つめしょ》」という看板が掲げられている。詰所は天理教の信者が本部に巡礼するための宿泊施設である。

また、天理市では「おかえりなさい」「ようこそおかえり」という言葉が書かれた看板を多数見かける。人間が創造された「ぢば」がある天理の町は、「人類のふるさと」であり、天理教教会本部周辺は「親里《おやさと》」とよばれる。ここへの巡礼は「おぢばがえり」とよばれ、毎年多くの信者が「おかえりなさい」と迎えられる。天理教の人々にとって

天理駅前の看板

天理市は、この世界が創造された出発点であるとともに、教祖が生まれ、天理教が立教された、イスラム教のメッカにも比せられる巡礼の聖地なのである。

「こふき」などで説かれる創世神話は、教祖・中山みきの口述筆記をもとにしているが、右に引用した和歌体のものを含め、テキストが複数存在しており、確定したものとしてまとめられているわけではない（「こふき」の諸本は、中山正善『こふきの研究　その3—成人譜』にまとめられている。天理教では、諸テキストの内容をまとめたものが「元の理」という名前で教典に収録されている）。中山みきは、天理教を立教する以前より、当時あった大和地方の仏教や神道、民間信仰などに積極的にかかわっていたと伝えられる。「こふき」の創世神話についても、神道や仏教、あるいは心学、中国思想などとの比較研究がなされてきた。しかし「こふき」は、そのどれにも回収されない独特の神話的イメージに満ちている。

天理教のイメージが強い天理市であるが、市内には歴史ある石上神宮があり、少し足を伸ばせば卑弥呼の墓という説もある箸墓古墳をはじめ、多くの古墳が点在する。宗教都市・天理は、様々な文化遺産に囲まれた歴史都市でもある。これらの歴史・文化に触れながら、日本には珍しい宗教都市を散策してみるのもよいだろう。

（師茂樹）

◇伝説地情報◇

アクセス

天理教本部　天理市三島町

JR・近鉄線「天理駅」徒歩約17分

タクシーで「天理駅」から約5分

25 三輪そうめん　桜井市三輪

活玉依毘売姫《いくたまよりびめ》の恋で伝えるロマンティックな素麺の由来がある。活玉依毘売姫《いくたまよりびめ》は、毎夜通って来る男がどこから来るのか、名前も素性も知らないままに身ごもった。ある夜、その男の着物に糸を付けたところ、翌朝、糸は鍵穴から抜け出ており、残っている糸は糸巻き三巻だけが残っていた。抜け出ている糸をたどっていくと、三輪山の神の社にたどり着いた（「古事記　中巻　崇神天皇」）。三巻（三わ）の糸が残っていたことから、この地を三輪と呼ぶようになり、三輪に里で作られる素麺を神話になぞらえて「三輪の糸」というようになったという。

この時、姫が身ごもっていた子どもが大田田根子である。三輪素麺作りは、大田田根子の子孫、大神神社の宮司大《おお》神朝臣《みわあそん》狭井久佐《いくさ》の次男、穀主《たねぬし》に始まると伝えられる。穀主は、地域の人々の暮らしのために、土壌に合った作物が小麦であるとつきとめた。穀主《たねぬし》が神意を得て作ったものが、素麺の始まりであるという。

◇伝説探訪◇

三輪山の北谷から纒向川が、東谷から初瀬川（大和川本流）が流れ出て、三輪山と三角形の地となる一帯を古くは瑞《みず》垣《がき》の内と呼び、土壌、湿度が小麦の生育に適し、質の良い小麦ができた。巻向川、初瀬川をはじめ三輪山周辺の河川流域においては早く水車が使われていたと伝えられる。その水車を回して粉を引くと、上質の小麦粉になる。これをこねて棒状にした麦縄《むぎなわ》は、大神神社の新饌に奉納されるという。

さらに、この地方の冬は、湿度が低く、山からの完封が吹き降ろすため、素麺の寒干しに最適の気象条件である。

穀主が素麺を始めた際に、乾燥用に機《はた》を立てたところは、機立場《はたたてば》と呼び伝えられる。JR三輪駅近くの三輪素麺工業組合の事務所の前から、桜井線の線路と平行に北に向かい、大神神社の駐車場の少し手前あたりがその地である。現在は住宅が立ち並ぶ所で、素麺組合の方に案内を乞うて位置を確認することになったが、神社の木立が垣間見え、風通しの良さを偲ばせる地である。

『延喜式』に「索麺」や「索餅」の文字が見え、これらが素麺の源流とされるが、まだ現在の素麺とは形状の異なったものであった。中国から素麺作りの技術が伝来し、今日のような形状となり、もとは禅語としての「素麺」の語が定着していく。長い歴史の中で、三輪素麺の名が全国に広まったのは江戸時代である。全国に山本藤兵衛が売り歩いた営業手腕がきっかけとも伝えられる。

三輪の地は、宿場として栄え、近松門左衛門の「冥途の飛脚」で、忠兵衛と梅川の道行は「奈良の旅籠屋、三輪の茶屋」と記される。長谷や伊勢に参詣する人々が、三輪素麺をこの地の名産として諸国に伝えたという。貝原益軒『和州巡覧記』（元禄九（一六九六）年）は「三輪の町に索麺を多くうる、名産なり」と記す。『和漢三才図会』（正徳三（一七一三）年）「大和国土産」に「素麺三輪小泉」と示され

奉納素麺踊り

ている。平瀬徹斎の『日本山海名物図会』（巻之四）（宝暦四（一七五四）年）では、

大和三輪素麺　名物なり、細きこと糸のごとく、白きこと雪のごとし、ゆでてふとらず、余国より出づるそうめんの及ぶところにあらず…旅人をとむる旅籠やにもめいぶつなりとてさうめんにてもてなすなり

と讃えられる。

明治時代、素麺組合が結成され、大正期、池利商店は百貨店での販売に進出し、素麺も近代化の流れに乗ることになった。昭和に入ると、機械で大量生産も可能になったが、手延べの製法も残された。近代以降も三輪素麺は人々に愛され続け、谷崎潤一郎は「我妹子が箸にかけたるさうめんの糸白妙に夏は来にけり」と詠んでいる。

毎年二月五日に、大神神社で卜占《ぼくせん》祭が行われる。卜占の儀式で、新しい年の三輪素麺の卸値の神意をうかがうのである。大神神社の卜占の神事の後、拝殿前で三輪素麺音頭保存会により、「三輪素麺音頭」「三輪素麺掛唄」に合わせた踊りが奉納される。音楽に合わせて白い布をはためかせ、素麺作りを表現する動きが美しく表現される。この日は、大神神社、元恵比寿神社（＝大行事社。大神神社本殿の東南に位置する）、恵比寿神社の三つの社殿を、神官と素麺業者が祈りを捧げてまわる。なお、恵比寿神社においては、この日は二月六日の本恵比寿の宵宮でもあり、同日に春鯛引きの行事も行われ、境内周辺がにぎわう。

夏の終わりの八月三十日は三輪素麺感謝祭が行われ、この時にも「三輪素麺音頭」「三輪素麺掛唄」の舞踊が奉納される。

恋そうめん

現在も大神神社の周辺は、三輪素麺を味わうことのできる店が、大小それぞれの風情で営業している。また、参道の店では、素麺ふし（製造過程で切り落とされる素麺の端っこ。形が三味線のバチに似ることから、素麺ばちともいう）も袋に詰めて販売されている。調理しだいで、格好の酒のつまみや味噌汁の具になる。

近年は、くるりと結ばれた形で乾燥され、ハート型の窓のある箱に入った紅白の「恋そうめん　運命の糸」が土産物として店頭に並ぶ。三輪の神様と活活玉依毘売姫《いくたまよりびめ》の恋、その子孫の穀主《たねぬし》に思いを馳せながら、素麺を味わってみてはいかがだろうか。

（椿井里子）

◇伝説地情報◇

アクセス

ＪＲ三輪駅から徒歩数分。

お土産

ＪＲ三輪駅より商店街があり、国道一六九号線沿いにも三輪そうめんの販売店が並ぶ。三輪素麺は各社地方発送してくれる。三輪素麺工業組合にも申し込み可。

26 三輪の酒　今西酒造　桜井市三輪

疫病の大流行で世の中に不安が広がった時、崇神天皇の夢に三輪山の大物主大神のお告げがあった。天皇は、三輪山の神の祭祀を行い、高橋邑《むら》の活日《いくひ》を大神の掌酒《さかひと》とした。天皇が太田種子に大神を祭らせなさった日、活日は自ら神酒を捧げて、天皇に献上した。

此の神酒《みき》は　我が新酒ならず　倭《やまと》なす　大物主の　醸《か》みし神酒
幾久《いくひさ》　幾久（この神酒は、私が醸造した酒ではありません。倭《やまと》の国を造られた大物主の醸造された神酒です。幾世も久しくお栄えくださいませ）

と歌を捧げ、神社の社殿で宴を催した。宴の後、諸大夫たちが、

味酒《うまさけ》　三輪の殿《との》の　朝門《あさと》にも　出《い》でて行《ゆ》かな　三輪の殿門《とのと》を（〈味酒〉三輪の社殿で夜通し酒宴をして、朝門が開く時にでも出ていきたいものだ。この三輪の社殿の門を）

と詠んだ。そこで天皇も歌を詠まれた。

味酒《うまさけ》　三輪の殿《との》の　朝門《あさと》にも　押し開かね　三輪の殿門を（〈味酒〉三輪の社殿で夜通し酒宴をして、朝門の時にでも押し開くがよい。この三輪の社殿の門を）（『日本書紀』巻第五　崇神天皇）

大杉玉

このことによって、大神神社摂社の活日神社は、酒造りの杜氏《とうじ》の祖神として信仰されるようになったと伝えられる。三輪は酒造り発祥の地とされ、「味酒《うまさけ》」は「三輪」や「みむろ」にかかる枕詞となるほどに、酒と三輪とのゆかりは深い。今日も、全国の酒屋の軒の杉玉は、大神神社から授与されているという。

◇伝説探訪◇

活日神社は、大神神社拝殿から北東方向に位置する。「くすり道」の階段を上りきってからやや南へ、さらに活日神社へ続く階段を上った所に鎮座し、全国の醸造業者の信仰を集めている。

酒の神さまのお膝元に、かつて酒屋は三軒あったというが、現存しているのは今西酒造のみとなっている。今西酒造は、大神神社からJR三輪駅を挟んで西南方向、三輪の古い町並みの中にある。

創業万治三（一六六〇）年とされるが、さらに遡ることができ、鍛冶屋佐近次郎の名前が残るという。万治三年は、初代油屋新右衛門が、その名のとおりの油屋に加え、問屋業など手広い事業のうちの一部門として、酒造業を始めた年である。屋号を油新といい、新右衛門の名は代々受け継がれ、現在の当主今西将之さんは、第十四代新右衛門である。

今西家は、文学とのゆかりが深く、また社会や地域への貢献を惜しまない名家として歴史を刻んでいる。

享保二年（一七四二）第五代当主今西新右衛門は、大御輪寺（大神神社の神宮寺）の本尊十一面観音に天蓋を寄贈した。ちなみに、十一面観音は、明治の廃仏毀釈の時に、慶応四年（一八六八）聖林寺に移管された。そのお姿は、明治時代アーネスト・フェノロサに絶賛され、国宝として大切に守られている。

今西酒造は、浄瑠璃の「妹背山女庭訓」（明和八年（一七七一）一月二十八日大坂竹田新松座（竹本座）初演）四段目、

今西酒造

杉酒屋の段の舞台になっているという。三輪山のふもとの杉酒屋の娘お三輪は、一目ぼれした相手の裾に糸を付けて跡を追うというように、この作品は、大和地方の伝説を各段に配して脚色されている。文楽で使用された酒道具は、今西家から提供されたとのことである。

　また、今西家が天誅組を助けたことも伝えられる。文久三年（一八六三）、九月二十六日、幕府に追い詰められ疲労困憊の天誅組は、雨の中、三輪山の麓にある人家を見つけて休憩場所と雨具を求めた。状況を説明したところ、「此ノ家ノ者共心マメナル者ニテ」、休憩場所の提供のみならず、「飯ヲ焼キ茶ヲ煎シ」もてなした。「田舎フリノモテナシモ時ニ取リテハ山海ノ珍味ニ勝ル心地」だったと半田門吉は「大和日記」に記している。この三輪山麓の建物とは、第八代当主今西新右衛門の別荘であり、今西家は天誅組を助けたことで、明治二十八年に奈良県から感謝状を贈られたという。

　今日も今西家では、蔵人自ら田に入り育てた地元の米と、三輪山の伏流水を使い、伝承と探究を大切に酒造が行われている。創業以来守り続けられ、大神神社へのお供えの酒としても知られる「三諸杉」をはじめ、奈良県に古くから伝わる幻の酒米「露葉風」を醸した「三諸杉　純米吟醸　露葉風」など魅力的な酒造りを発展させると同時に、酒の神が鎮まる地をガイド付きで巡るツアーの企画実行をするなど、地域振興への貢献も続けている。

十一月十四日、大神神社において、醸造安全祈願祭（酒まつり）が行われる。全国の酒蔵から参拝者が集まり、本社神事の後、活日神社《いくひじんじゃ》で新酒の醸造祈願が行われる。境内は、奉献全国銘酒展ならびに一般参拝者たちへのふるまい酒もあり、今西酒造の樽酒を味わうこともできる。

なお、醸造安全祈願祭の前日の十三日、拝殿と祈祷殿の大杉玉が順に掛け替えられる。直径約百五十センチ、重さ二百五十キロにも及ぶという大杉玉が十名ほどの人に担がれて境内を運ばれ、掛け替えられるさまは圧巻である。酒まつりがすむと、全国の醸造元に「しるしの杉玉」が授与される。杉玉は「酒ばやし」とも呼ばれ、酒屋の軒につりさげられる。「尋ね来て　誰もしるしの杉の門　三輪の市屋の酒ばやしとは　石田未得」「杉の葉をつるしてみるやにごり酒　一茶」と江戸時代から親しまれている。

三輪の今西酒造の懐かしい佇まいに杉玉はしっくりなじみ、今年も旨い酒が作られることを見守っている。

（椿井里子）

◇伝説地情報◇

お土産

三諸杉、鬼ごのみ、露葉風、雷来、梅杉謙信
酒粕葛餅、三諸杉カレー

27 山の辺の道—再発見された古道と近代—　桜井市、天理市、奈良市

山の辺の道という語は、『日本書記』には、崇神天皇陵、景行天皇陵のいずれも「山辺道上陵」、つまり「山の辺の道のあたりの御陵」とあり、『古事記』では、崇神陵は「山辺の道の勾の岡の上に在り」、景行陵は「山辺の道の上に在り」とある。これらの記載から、崇神陵、景行陵の近くに山の辺の道という道路があったことがわかる。しかし、記紀には山の辺の道についてはこれだけの記載しかなく、山の辺の道を特定することができない。また、山の辺の道は、葛城古道のように近世の道標は少なくも木曽路・伊那路のような牧歌的な風情よりも、ひたみちに古代の道という印象だけが強く、その経路もはっきりしない。大正初年までの山の辺の道は上つ道であったらしく、現在の山の辺の道とはやや異なっていた。山の辺の道が自然歩道として観光ルート化し、その存在を世に知らしめたのは古い昔のことではない。つまり山の辺の道は時代によって移動しているといえる。現在の山の辺の道として整備されている東海自然歩道は、昭和四十三年（一九六八）から整備が開始され、昭和五十年（一九七五）に整備が完了したものである。

山の辺の道

山の辺の道の再発見とその契機

近年、山の辺の道を歴史的に検証した歴史学者・和田萃は、いったん忘れされていた山の辺の道が、一冊の本により再発見されたことを明らかにした（和田　一九九九）。大阪電気軌道の二千六百年記念事業により発行された十三冊の大和路叢書の一つ『山の邊の道』（一九四二）がそれである。山の辺の道」という名称の使用、そのルートの設定、充実した風景記述の質と量、という三点からみて後の山の辺の道の保全・整備の契機となる重要な観光案内書であった（繁田ほか　二〇一〇）。

この本の筆者については未詳であるとされてきたが、大宮守誠《もりのぶ》の略歴は以下のとおりである。早稲田大学史学科を卒業し、専門は歴史学だが考古学にも造詣が深かった。「千葉県加曽利古山貝塚に就いて」『考古学雑誌』（27―6　一九三七）「穴師及び兵主社に就いて」（『歴史地理』73―6　一九三九）などの論考を執筆している。

昭和六年（一九三一）に設立された古文化研究団体・大和國史會に所属していた。昭和二十四年（一九四九）に大和國史會を母体に、近鉄の文化事業を包含して近畿文化会が発足している。昭和二十年七月にレイテ島で戦死した。以下、同書では道の盛衰について次のように述べている。

三輪・石上・奈良を繋ぐ所謂山辺道（山麓の道）は平野を縦貫する中津道、下津道と共に、上代から大和の南北三大幹線であつたが、文化が先ず山麓に発したこと、平野が歴史時代に入ってもなお相当濕潤の地であったことなどを考えると、山辺道こそ河内へ至る大坂の道と共に、恐らく大和の最も古き交通路であったと想像される。（中略）かくて近世に至り、今の上街道（現在の県道）が出来るまで、山辺道には大きな路線の変更は加えられず生き続けて来たのである。（p.2）

同書には神武天皇が、皇后となる饒速日尊の末娘・伊須気余理比売のところに通われたことをもとに、昭和十五年

（一九四〇）に狭井河之上（さいがわのほとり）として聖蹟とされた狭井川など、伝説が効果的に挿入されており、道との関係についても以下のように説明されている。

大和平野の東部に連る丘陵の裾を走る名の通りの山の辺の道は、私達がすでに見て来た如く、原始信仰と美しい伝説、詩の夢のただよう歴史の道であった。ここには仏教文化の遺跡は少いが、日本民族固有の神々を祀る由緒深き社の存する道、四道将軍の壮途につかれた道、初瀬詣でや伊勢詣りで賑った道であった。こうして二千年を上下する山の辺の道を回顧するうちに、私達は信仰の興亡史をひしひしと身に感じさせる諸々の現実の遺蹟を訪れたのであった。（p.82）

史跡とハイキング・キャンペーン

山の辺の道という概念が設定されたおかげで、それまで個別に語られてきた説話・伝承が関連付けられることとなった。山の辺の道の発見は、地域ごとのまとまりから道で空間的に繋がっていく契機となった。車や鉄道などと違ってハイキングという自らの足で歩くことにより、歴史や考古資料などとともに、説話伝承を身近に感じることができたのである。

一九三〇年代は，鉄道省によるハイキング・キャンペーン（一九三四）などに後押しされ、郊外レクリエーションが盛り上がりを見せる時期であったという（高岡　一九九三）。同様の史跡をめぐるハイキングコースの整備は、既に大阪などでもおこなわれていた。例えば昭和十年（一九三五）に大楠公六百年祭が行われ、楠木正成に関わる事物や景観が価値付けられたり発見されたりし、大阪府河内郡周辺に所在する楠公史蹟を巡ることがおこなわれた。楠木正成を知るための史健康な身体をつくる健全な娯楽として注目されていたハイキングは、人びとに余暇の感覚を与えなから楠木についての関心も高めるために重要な役割を果たした。個人だけでなく、グループでのハイキングも行われた。この楠公史跡周遊で活躍したのが大阪電鉄である。大阪電鉄は遺跡巡拝のリーフレットを制作し、人びとに自社の鉄道を用いた遺跡巡りを推奨した（森　二〇〇九）。

戦前の皇国史観は、まさに神話伝承を現実世界に取り込もうととう誤った試みであった。そして戦後にこのような方法は否定される。しかし、現在は逆に神話という資源をうまく活用しながら、地域振興をはかろうという動きが活発である。そのようなイメージの生成にも、山の辺の道のガイドブックは一役買っていた感がある。

ハイキングコースとしての山の辺の道

この後に刊行された山の辺の道のガイドブックには、古墳や寺院、万葉集の歌などの他に、伝説も重要な役割を果たしている。戦後刊行されたガイドブックには、次第に様々な説話伝承が盛り込まれるようになっていった。例えば一九七二年に刊行された朝日新聞奈良支局編の『山の辺の道』では、桜井市平等寺廃寺の島津義弘伝承、天理市櫟本町の人麻呂の墓とされる「歌塚」伝承、天理市杣之内町の内山永久寺の馬魚伝説などが取り上げられ、説話伝承をイメージしながら歩けるようなガイドブックとしての工夫がなされている。

またあとがきには以下のように記されている。

大和路には毎年、千四百万人もの観光客が訪れます。お目あてはたいてい奈良公園、西の京、斑鳩の寺々です。しかし、観光客の流れをじっと見つめてきた奈良県庁の観光課職員はこういっています。「観光の型が変わってきた。デラックスな団体旅行は減った。とくに都会の若い人たちは一人か二人でひと気を避けて、実際に自分の足で歩くのを好みだした。」こうしてクローズアップされてきたのが、飛鳥路のサイクリング、そして山の辺の道でした。（中略）主として東海自然歩道を歩きましたが、あちこちに寄り道もしています。実のところ東部山ろくには、長い年月の間にいく筋もの道が残されています。その中で、たとえば古墳時代の人々が歩いた道は、といってもおおよそのコースはわかっても、どの道だとは決めかねるのです。そして、古墳や石仏の研究家も、「人のよく歩く道を離れる方が趣がある」といっています。もし「自然歩道整備」にかえって不自然さを感じ、わきの小道をたどったとしても、やはりそこにも何かのドラマのあとがみつかるでしょう。山の辺の道はそんな道なのです。（pp.177―178）

この頃（昭和四十年代）、再度、山の辺の道がハイキングコースとして注目されていたことがわかる。

自らの足で歩いて史跡を探訪することは、自然にやさしく健康づくりにもなる。こうした近年の傾向は、社会がデジタル化を加速する中で、自然や歴史などにリアリティーを求めることが少なくなりつつあることへの反動からかもしれない。こうした眼で見て触れることができるリアリティーもそうであるが、加えてかつては当たり前の光景であった、説話伝承が社会の中で生き続けているという景観を臨みたいという意識も働いていると考えられる。再発見されたからこそ、山の辺の道にはそうした古き良き景観が残されているのであろう。

（角南聡一郎）

註

1）大宮守人氏のご教示による。大宮家は明治四年（一八七一）まで春日社禰宜として北郷常住神殿守を務めていた。明治五年（一八七二）以降は春日社を離れ、手向山八幡神社祠掌などを務めるなどして、明治八年（一八七五）以降は氷室神社宮司を務めている（奈良市教育委員会編　二〇〇七）。

Ⅲ

大和平野の西方を歩く

——葛城市・大和高田市・御所市・香芝市——

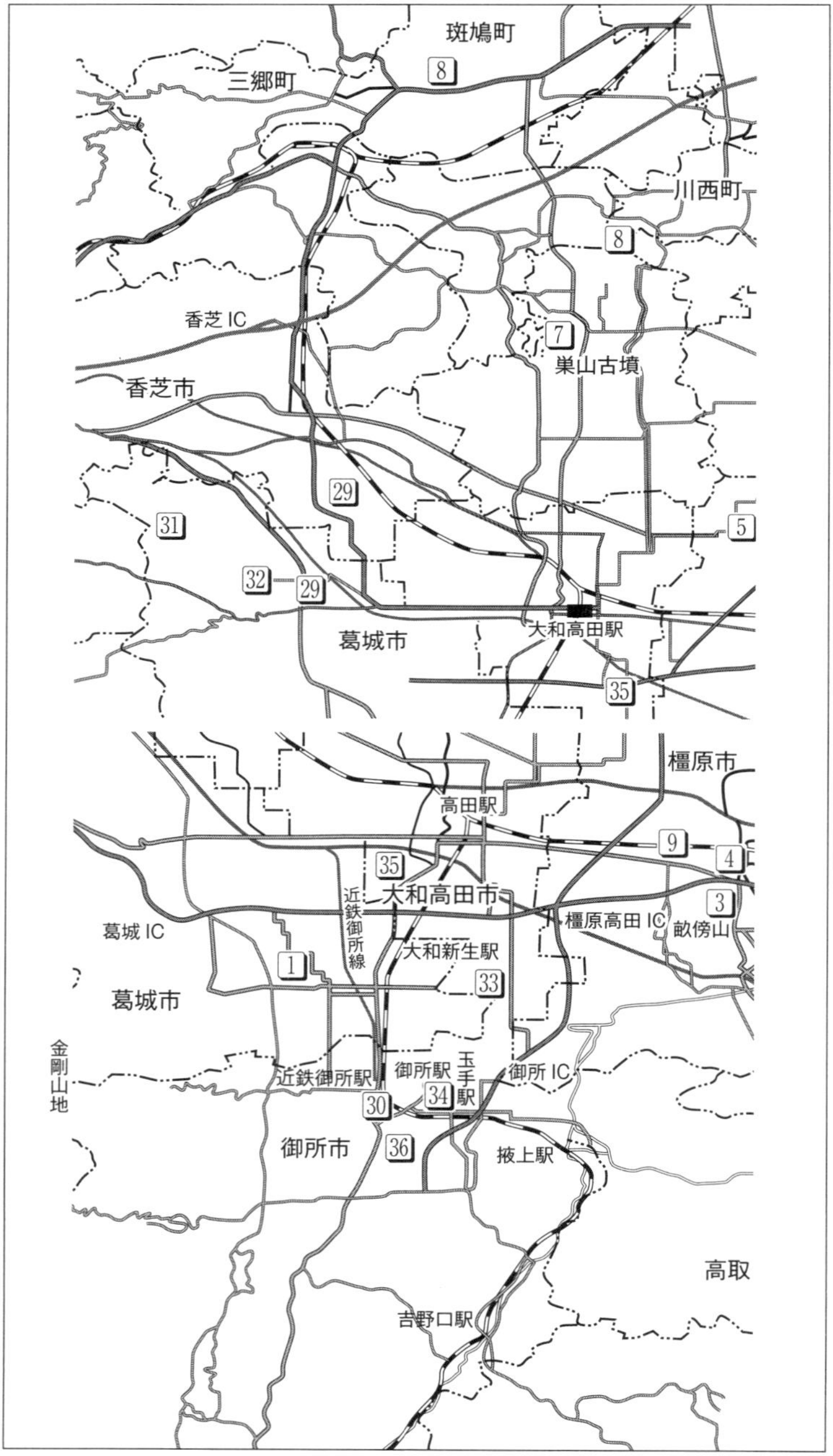
斑鳩町
三郷町
8
川西町
8
香芝 IC
7
巣山古墳
香芝市
29
31
5
32
29
葛城市
大和高田駅
35
橿原市
高田駅
9
4
35
大和高田市
近鉄御所線
3
橿原高田 IC
畝傍山
葛城 IC
大和新生駅
1
33
葛城市
金剛山地
近鉄御所駅
御所駅
玉手駅
御所 IC
30
34
36
御所市
掖上駅
高取
吉野口駅

28 ノミノスクネとタイマノケハヤ―相撲の起源と両者の墓伝承― 香芝市、桜井市

『日本書紀』垂仁天皇七年には、相撲の起源として次のような話が伝えられている。

七年の秋七月七日、近習の者たちが、當麻邑（葛城市当麻町）にいる当麻蹶速という勇猛な男の噂話をしていた。なんでも、角を折ったり鉤を伸ばしたりするくらいに力が強く、力競べの相手を探しているという。これを聞いた天《すめら》皇《みこと》は豪族たちに、「当麻蹶速は天下一の力士《ちからびと》であるというが、どこかに勝負の相手がいないものか」と語った。するとある豪族が、「出雲国に野見宿禰という勇猛な者がいます。ためしにこの者を蹶速と勝負させましょう」と申し出た。そこで倭 直《やまとのあたい》一族の長尾市《ナガオチ》を派遣して野見宿禰を招き、二人に角力《すもう》を取らせた。二人は向い合って立ち、それぞれ足を上げて蹴り合った。ところが、野見宿禰が当麻蹶速のあばら骨を蹴り折り、またその腰を踏み砕いたことで、当麻蹶速は死んでしまった。この結果により、当麻蹶速の土地は没収され、すべて野見宿禰に与えられた。そのため、その村には腰折田と呼ばれる田地がある。なお、野見宿禰はそのまま留まり、天皇に仕えることとなった。

同じく垂仁天皇三十二年には以下のように、野見宿禰が埴輪を発案した話が記されている。

三十二年の秋七月。皇后《きさき》の日葉酢媛《ヒバスヒメ》命が亡くなった。埋葬はまだ先になりそうだったので、天皇は豪族たちに、「殉死はよいものではないが、さて、今度の葬儀をどうすべきか」と語った。すると野見宿禰が、「私にお任せを」と申し出た。そして出雲国の土部《はじべ》百人を呼び寄せ、埴で人や馬や様々な形の物を作って献上した。天皇はこれに満足し、それを日葉酢媛命の墳墓に立てた。これを埴輪とか立物とか名づけられ、天皇はこれを奨励して殉死を廃止させた。この功績により、野見宿禰は鍛地《かたしところ》を与えられ、土部《はじべ》の職を任された。そして姓（かばね）を改め土部臣となり、子

孫はさらに土部連《はじのむらじ》等となって、天皇の葬儀を担当した。

◇伝説探訪◇

兵庫県龍野市の西宮山古墳（六世紀前半）から出土した、須恵器壺には人物や動物の小像付されたものがある。この中に相撲をとっている場面ではないかといわれるものがある。このような小像が付された壺は岡山県・兵庫県を中心に西日本で多く出土している。また、和歌山市井辺山八幡古墳出土の力士埴輪（六世紀前半）など、全国的に力士埴輪が出土している。相撲の起源と土器、埴輪の製作とがあながち無関係ではなかったことを示している。

伝承の背景

この神話の背景について、自身も大の相撲好きで知られた歴史学者・民俗学者の和歌森太郎は、以下のような見解を述べている。

『古事記』にはいわゆる神代に、建御雷神《たけみかづちのみこと》と建御名方主神《たけみなかたのかみ》が、出雲の伊奈佐の小浜で「力くらべ」をしたとある。これが我が国における相撲の起源とされる神話である。しかもこの神話は、高原系支配者群の代表たる建御雷神が、被支配者層の代表的象徴たる出雲の神の中の建御名方主神を破ったという形になっており、これにより国譲りも成就する契機ができていることになっている。この伝承は大和側で生み出されたもので、このことにより大和朝廷の出雲支配を必然化しようとしたのかもしれない。

それに対して、野見宿禰と当麻蹶速の場合は、出雲の人と大和の人とが相撲で争い、出雲側が圧勝したことがあったとする記憶を基にして、野見氏の土師部がその伝承を持ち伝えていたと考えられる。

また、和歌森は両者の相撲が垂仁天皇七年七月七日に行われたという理由についても以下のような解釈をおこなっている。これは七月七日によく相撲が行われたという事実が一般にあり、こうした相撲の起源説話も、七月七日にしておくのがよいと見られたためであろう。そのためわざわざ垂仁天皇七年ということにもしたのであろう。元来、中国から七夕が年中行事の一つとして受容される以前から、一年の後半期に入った最初の上弦の月の見られるときに、ある種の信仰に関係した行事を営んでいたと考えられる。稲作を中心とする農業生産の上で重要な折り目となる時には、これからの稲作がうまくいくか否かなどを占った。これを年占と一般に呼ぶ。五月五日の競馬、八月十五日の綱引きなどがそうである。七月七日にはそれとして相撲を行っていたのではなかろうか。故に相撲は神事として行われ、更に神占いの意味も有していたことは、このような理由からであったからだろう。

前述したように、野見宿禰は埴輪の起源伝説と関係して、埴輪や人形を製作する技術を伝えていた土師部の祖であることで著名である。野見宿禰が相撲の起源の話でも主役を務めたのは、土師部が力士埴輪を製作するといった顕著な活動をおこなっていたことにいわれを説明するためにこの話が生成されたのかもしれない。いずれにせよ、和歌森は伝承と出土した考古資料とを関連付けながら、神話の背景に迫ろうとしたのである。

両者が相撲をとったとされる二つの伝承地

奈良県には野見宿禰と当麻蹶速が相撲をとったという伝承が二か所に伝えられている。

現・香芝市狐井にまわし池という池がある。ここは、当麻蹶速と野見宿祢が相撲をとった時、ここでまわしをしめたとも、まわしを洗ったともいわれている。同じく香芝市五位堂には腰折田という地名がある。ここは、昔、当麻蹶速と野見宿祢が天皇の前で相撲をとった、当麻蹶速は組打ちして倒すことが得意であったが、出雲の野見宿祢は足で

相撲神社（桜井市）

蹴り倒すのが上手であった。それで宿祢は蹴速の腰を蹴り飛ばした。蹴速は脇腹の骨を折って死んだ。宿祢はその賞として蹴速の土地を賜った。それがこの腰折田だという。もしくは、ここで相撲をとった場所であるとの話もある。字ビワの辻から長畦あたり一帯に大勢の見物人が集まったので、このあたりを舞台といい、良福寺村にあるとして、『大和名所図会』にも紹介されている。ところが当地に伝承があるにもかかわらず、特に看板などが提示されていない。

『大和の伝説』によれば、桜井市穴師神社の鳥居から二丁あまり西に、かた屋敷という所がある。形屋というのは、相撲場内の古語である。当麻蹴速と野見宿祢が力比べをしたところであるという。この地の字はカタヤケシと呼ばれ、相撲神社が建立されている。昭和三十七年十月六日、大兵主神社に日本相撲協会時津風理事長（元横綱双葉山）を祭主に二横綱（大鵬・柏戸）五大関（琴ヶ浜・北葉山・栃ノ海・佐田の山・栃光）をはじめ、幕内全力士が参列、相撲発祥の地で顕彰大祭がおこなわれ、この境内のカタヤケシの土俵にて、手数入りが奉納された。

両者の墓伝承

興味深いことに、それぞれについて墓とされる五輪塔が存在している。以下、順にそれぞれの墓伝承についてみていこう。

葛城市当麻町大字には当麻蹴速の墓とされる五輪塔があり、相撲関係者信仰の対象となっている。一説に当麻国見の墓ともいわれるが、五輪塔は鎌倉時代後期のものである。

七月には葛城市相撲館けはや座で蹴速法要が開催されている。相撲の開祖とされる蹴速を顕彰する目的で、平成二年（一九九〇）の開館時より開催されている。追善法要は、蹴速塚の前で、当麻寺僧侶による現役力士安全祈願と、物故力士追善法要が執り行われる。その後、相撲発祥の地にふさわしく、相撲甚句や相撲太鼓が披露される。続いて、けはや座でわんぱく相撲大会が開催される。このように当麻蹴速の出身地・当麻町では、蹴速を崇め奉り相撲による地域振興を行おうとの試みがなされ、当麻蹴速の説話が継承されるとともに独自の発展を遂げているのである。

当麻町蹴速塚（葛城市）

野見宿祢の出身は出雲とされているので、大和とは無関係であるように思い込んでしまう。しかし伝承とは不思議なもので時空を超えて話が発生する・伝承する場合もある。実際に桜井市出雲の十二柱《じゅうにはしら》神社には野見宿祢に関する伝承も伝わっている。同社境内入口にある狛犬は四人の力士に支えられた珍しいものである。また鳥居の東側手前に、鎌倉時代後期の五輪塔一基がある。元来は南方三〇〇mの塔之本の野見宿弥の塚（つまりが宿祢の墓）といわれた場所にあったもので、農地整理により塚は形を失い、明治二十年（一八八七）（一説に明治十六年（一八八三））に神社の手洗石の場所へ移転し、更に明治三十年（一八九七）に現在の場所へ移動したとされる。五輪塔は花崗岩製で、高さ二八六cm、四面に単独梵字仏をあらわす日本で唯一の珍しいもので、現在は市指定文化財となっている。移転の際に、地輪に一字一石経が発見されたがそのまま納められたという。

江戸時代には巡業で通る力士一行は必ずこの塚に参拝したという。また、この塚を移転する際に、塚から土器、埴輪、直刀、子持勾玉が出土したとされる。出土した遺物は、古墳時代中期から後期のものであるので、この塚は古墳であった可能性が高い。いずれにせよ、明治十六年頃までこの宿禰塚を対象とした、野見宿禰信仰が当地には存在していたことを窺い知ることができる。この地は穴師の相撲神社とならんで、相撲発祥の地としてあがめられていたのである。

また、かつて出雲集落の地場産業だった出雲人形は、垂仁天皇の頃に、土師氏の祖・野見宿禰が出雲の国から工人を連れ、埴輪を製作させたことが始まりとの伝承がある。これらのことから、『日本書紀』には野見宿禰が当麻蹶速と戦うため出雲からその日のうちにやって来たと記されているが、島根県の出雲なら一日で来るのは不可能であり、野見宿禰は大和の出雲から行ったと考えるべきである、という説もある。

兵庫県たつの市にも野見宿禰の墓伝承が存在している。野見宿禰が出雲国へと帰る途中、日下部里と呼ばれていた地で病没した。報せをうけた多数の出雲の人がこの地を訪れ、川原の石を手渡しで運び上げ墓を造った。その墓は出雲墓屋と呼ばれた。石を運ぶ多くの人々が、「野に立つ」姿から、人々はこの地を「立野」と呼ぶようになり、後に、「立野」が「龍野」と改められたとされる。明治三十六年（一九〇三）、有志が奔走し墳墓、参道を整備し野見宿禰神社となった。

これら以外に野見宿禰を祀る神社は、奈良市菅原天満宮・同市菖蒲池神社、東京都の墨田区野見宿禰神社（写真5）などの他に、愛知県の一宮市野見神社・豊田市野見神社、滋賀県甲賀市水口町綾野天満宮、京都市北野天満宮、

大阪府高槻市野見神社・同市野身神社・堺市野見宿禰神社（石津神社内）・藤井寺市土師神社（道明寺境内）、鳥取県鳥取市大野見宿禰命神社、島根県出雲市出雲大社・松江市神魂神社・松江市宍道町菅原天満宮（野見宿禰の墓）、山口県防府市防府天満宮、福岡県大宰府市大宰府天満宮、佐賀県神埼市吉野ヶ里町上石動天満宮などにある。

おわりに

このように、相撲というスポーツの起源は、稲作農耕と関係する日本の基層に求められ、説話伝承と一体化したものであった。その後も、庶民の間では史実とは別の次元で、墓が特定され民間信仰の対象となっていった。

説話伝承には場所が特定され物語られることが多い。更に墓などのモノが引き合いに出されることにより伝承はよりリアリティーを増すことになる。そうした伝承における場所やモノの効力により、多くの伝承は途絶えることなく現代まで語り継がれることができた。ここで紹介した、ノミノスクネとタイマノケハヤの話も例外ではない。これからもモノと伝承が関連付けられる限り、この伝承が消え去ることはないであろう。

（角南聡一郎）

29 タイマノケハヤと良福寺の腰折田　香芝市良福寺

垂仁天皇は側近に當麻蹴速《たいまのけばや》の勇名をお聞きになり「當麻蹶速が天下の大力士と聞いたが、この男に敵《かな》う者はおらぬか」と尋ねられたところ、家臣が「出雲国に野見宿禰という勇士がいます」と申し上げた。野見宿禰が呼ばれ、天下に敵なしと自慢していた當麻蹶速と対戦することになった。二人はそれぞれ足を上げて蹴り合ったところ、野見宿禰が當麻蹶速のあばら骨を折り、腰を踏み砕いて殺してしまった。それで天皇は當麻蹶速の地を奪って、すべて野見宿禰に賜った。これがその邑《むら》に「腰折田《こしおれだ》」がある由縁である。

（『日本書紀』垂仁天皇七年七月条）

◇伝説探訪◇

『日本書紀』に野見宿禰《のみのすくね》と當麻蹴速が天皇の前で闘ったことが記され、「捔力《すもう》」をとった場所が當麻（現葛城市）と伝えられている。野見宿禰が蹴速の腰を踏み砕き、當麻蹴速に勝ったことで、蹴速の領地を賜った。『日本書紀』は、その地が腰折田となったと伝える。

この腰折田と呼ばれる地が葛城市に隣接する良福寺《りょうふくじ》の西南端（現香芝市磯壁六丁目）に残り、江戸時代には良福寺相撲が盛んであったという。『大和志』（一七三四年成立）には「腰折田在良福寺村」とあり、『大和名所図会』（一七九一

當麻蹴速塚とけはや座

腰折田相撲図（『大和名所図絵』）

年成立）にも「腰折田良福（良福寺か）村にあり」と記されている。また『奈良県風俗志』（一九一五）は「五位堂村良福寺ノ坤《ひつじさる》ノ方《かた》ニアリ、今田畝タリ。是即チ垂仁天皇ノ御宇七年野見宿禰当麻蹴速ト力ヲ角《くらべ》シ宿禰一蹴シテ彼ノ腰骨ヲ摧《くだ》キ、コノ斃死《へいし》セシ所トイウ」と記す。坤方とは八卦《はっけ》の方位で南西を指し、伝承地の位置と符合する。

葛下郡野口村（現大和高田市）の西蓮寺の住職竹園眞證《たけぞのしんしょう》が書いた『竹園日記』の天保十四年（一八四三）の記事には、「良福寺村ニ相撲アリ。因云、コノ良福寺ハ相撲濫觴《らんしょう》（起源）ノ地ニテ、腰折田等ノ事垂仁記ニ出テ世人知ル処ナリ」と記されている。眞證は弘化二年（一八四五）にも「良福寺常盤寺《ときわでら》に於て稽古相撲取揚」と記し、相撲の稽古を見に常盤寺を訪れている。

良福寺相撲の稽古場であった常盤寺が『春日権現験記絵』巻十九に登場する。正安三年（一三〇一）、良福寺の政康冠者ら平田庄の悪党が春日社に乱入して神鏡十四面を盗んだところ「当國常葉《ときわ》といふ所の堂はるかに瑞光あり」、つまり常盤寺から虹のような光がさしたので良福寺の政康冠者所持の鏡を発見できた。そのとき「二上の嶽《だけ》より黒雲そひき霰《あられ》しきりにふりて、五色の雲春日山にかゝる」という春日の神の霊験譚が描かれている。腰折田と指呼の間にある常盤寺はその舞台であった。

塚口義信は、天皇陵がある地域には必ずといっていいほど、土師氏に関わる地名や伝承、その他痕跡が残っており、腰折田も土師氏伝承の一つだとする。土師氏の後裔には四系統があり、そのうちの菅原氏・秋篠氏が佐紀盾列《さきたたなみ》古墳群、河内古市の土師氏が古市古墳群、百舌鳥《もず》の土師氏が百舌鳥古墳群に対応していることや、継体天皇陵と推定される今

上：『春日権現験記絵』。春日の神鏡が常葉の堂（常盤寺）で発見された場面
下：常盤廃寺跡。今は朽ち果て雑木林となっているが、T字路など『春日権現験記絵』そのままの地形が残り、まさに春日の神の霊験譚を物語る史跡といえる。奥に二上の嶽《だけ》（二上山）が望める。

城塚古墳（高槻市）とさほど隔たらない所に摂津国島上郡濃《の》味《み》郷や式内社である野見神社があるなど土師氏の伝承が存在するとし、そのうえで、六世紀初頭としては最大級の前方後円墳である狐井城山《きついしろやま》古墳こそが武烈天皇陵ではないかと指摘する。（「天皇陵の伝承と大王墓と土師氏」『網干善教先生古稀記念考古学論集』下巻　所収）。

狐井城山古墳を挟む良福寺と狐井の双方に、出雲大社（旧杵築《きづき》大社）に繋がる杵築神社がある。また當麻蹴速と野見宿禰が相撲をとったとき、ここでまわしをしめたことから古墳の周濠が「まわし池」と呼ばれたという話や、當麻蹴速と野見宿禰の相撲を観覧したという場所が腰折田のすぐ西にあり、「舞台」と呼ばれていたという話が『香芝町史』に掲載されている。しかもこれら関係地はすべて腰折田伝承地から八百メートル以内という近い距離に位置している。

『続日本紀』によれば、天平六年（七三四）条に、野見宿禰と当麻蹴速の捔力が行われた日と同じ七月七日に聖武天皇が「相撲の戯」を参観されたとあり、この記事が相撲節会《せちえ》の初見とされる。養老三年（七一九）七月四日に抜出司《ぬきでのつかさ》（相撲司）が設置されたという記事があることから、七夕《たなばた》の節会と同じ七月七日に行われる相撲節会は、養老三年には始められていたものと思われる。

腰折田伝承地のそばに天羽《あまは》雷命《いかづちのみこと》を主祭神とする葛木《かつらき》倭文座《しとりにいます》天羽《あめのは》雷命《いかづちのみこと》神社（葛城市加守）が鎮座する。天羽雷命は機織や裁縫の技術を伝えた倭文《しとり》氏の祖神とされる神である。この神社は上太田の「棚機《たなばた》の森」から遷座したと伝えられ、平林章仁は、葛城市如意《にょい》に小字七夕が存在し、如意はかつて上太田と称されたことや、小字七夕に「タナバタサン」と称される古祠が鎮座していることを紹介している（『七夕と相撲の古代史』）。相撲節が七夕の日とされたため、『日本書紀』には、相撲の起源となる野見宿禰と當麻蹶速の捔力の日を七月七日としたのであろうが、この「棚機の森」の存在を知るとき、相撲説話誕生の背景には土師氏だけでなく、倭文氏の関与も浮上してくる。

（上島秀友）

◇伝説地情報◇

アクセス

葛城市けはや座　近鉄南大阪線「當麻寺駅」下車、徒歩3分

腰折田伝承地・常盤廃寺跡（案内標識がないので三和小学校を目印に）

①ＪＲ五位堂駅下車、徒歩17分

②近鉄南大阪線當麻寺駅下車、徒歩18分

③近鉄大阪線五位堂駅下車、徒歩25分

狐井城山古墳　近鉄大阪線五位堂駅下車、徒歩12分

狐井城山古墳

30 大国主の約束した王城守護と鴨氏の神社　御所市、宇陀市

鴨氏の奉る主な神は、阿遅鉏高日子根神《あじすきたかひこね》、御歳神、事代主神、八咫烏があげられる。

阿遅鉏高日子根神は、迦毛大御神と称され、葛城の高鴨神社に祀られる。記紀の天若日子の葬儀で、弔問に訪れた天若日子の家族から、死者と間違われたことに激怒し、喪屋を切り伏せた話が知られている。（『古事記』『日本書紀』）

御歳神は、須佐之男命と大山津見神との間に生まれたのが大年神で、この大年神と香用比売との間に生まれたのが御歳神で、穀物神である。（『古語拾遺』）

事代主神は大国主神の子。国譲りの際に、父の大国主神に、高天原からの使者タケミカヅチに国譲りを進言した。また神武天皇の妃の五十鈴姫は、『古事記』では事代主神がワニと化して三島の溝樴姫に通って生まれた子と伝える。また、『日本書紀』では、事代主神は、三輪の大物主神とともに、国津神の代表として高天原で忠誠を誓った。鴨都波神社で祀られている。

八咫烏は、神武天皇を熊野から宇陀・吉野まで剣難な山道を案内し、吉野・宇陀から橿原に至り、神武天皇の建国に大いに貢献した。その後、葛木山に鎮座し、さらに久恭京《くに》（京都府加茂町）、久我《こが》（京都市伏見区）と移り、京都市の下鴨神社の杜に祀られている（「山城国風土記」逸文、『新撰姓氏録』ほか）。宇陀市に八咫烏神社がある。

◇伝説探訪◇

大和と鴨氏

鴨氏に関する著名な神社は大和国を囲むように位置している。これは、大国主が大和朝廷に国譲りをする際に、朝廷を守護する四つの神社を大和に作る事を約束したのがその由緒である。

四つの神社とその守護の約束は「出雲国造神賀詞」に記されており、大神神社、高鴨神社、御歳神社、飛鳥坐神社の四つである。この内、大神神社は大神氏が奉斎する事になったが、その大神氏から出た鴨氏は高鴨神社と御歳神社の奉斎氏族となっている。

鴨氏は八咫烏、つまり賀茂建角身命の後裔であり、京都にある下鴨神社、上賀茂神社の後裔として著名である。八咫烏は、その事跡として、神武天皇の東征の際に道案内をした神である。この両者の鴨氏が同一の氏族であるのか、別の氏族であるのかは議論があり、ここでは立ち入らず、鴨氏と呼ばれた氏族が担った役割とその伝説を見てゆく事にする。

阿遅鉏高日子根神と高鴨神社

高鴨神社と御歳神社そして鴨都波神社の三社はそれぞれ高鴨・中鴨・下鴨と呼ばれる神社であり、祭神はそれぞれ「阿遅鉏高日子根神」、「御歳神」、「事代主神」の三神が祭られている。

この三神はそれぞれ大国主神の息子であり、大国主が約束した大和を守護する神としてその地に鎮座している。

高鴨神社は下街道の風の森のバス停を北に向った金剛山の山麓にある神社である。宮司家が収集してきた日本サクラソウの美しさでも有名で、春には二千を超えるサクラソウを見る事ができる。

祭神の阿遅鉏高日子根神は記紀にある国譲りの段において登場する神であり、出雲を降伏させる為に派遣された天若彦と友情を築いていた。天若彦の葬式に出席した際に、同一人物であると間違われ激怒し、飛び去った際に歌われた歌の中に「谷を二つ渡る」という表現がある事からも、巨大な蛇であると解釈されている。

春秋の例祭の他に仲秋の名月には観月祭を行っており、雅楽の他にも和太鼓の演奏などが行われている。

高鴨神社

御歳神社

御歳神と御歳神社

御歳神社は先程の風の森のバス停を下街道にそって北上し小殿《おどの》北の三叉路を南東に曲がりしばらく進むとその杜が見えて来る。江戸時代に春日大社の本殿第一殿を移築した社殿が有名であり、奥山である御歳山の整備も近年は行っており、奥山の注連縄掛けも正月の祭礼行事として行われている。

御歳神は須佐之男の孫であり、父は大歳神である。大歳神も同様に御歳神社の境内に祭られている。『古語拾遺』には御歳神の祟りに関する記述があり、大地主神が農夫に牛の肉を食べさせた所、御歳神が怒り田を枯れさせた。そこで、御年神を祭った所、苗が元に戻った。この事から、御歳神は穀物神であると考えられている。
特徴的な祭礼として、正月の祈年祭には湯立神事が行われる他、神嘗祭に行われる奉納の歌舞も著名である。

事代主神と鴨都波神社

先程の御歳神社に行く為に曲がった小殿北から、さらに下街道を北に進むと道沿いにその社叢が見えて来る。下街道の道を挟んで北側には警察署があり、済生会病院前の交差点を東に進むとすぐに鴨都波神社である。鴨都波神社祭礼渡御図絵馬が有名な文化財である。

鴨都波神社の祭神は事代主神である。この神は、国譲りの際に、父である大国主に降伏を勧めた神である。また初代神武天皇の妃である五十鈴姫の父親でもあり、また宮中八神殿の神でもある。これは古代にあって重要かつ有力な神として認められていた事を示している。同神を祭る神社としては島根県美保市の美保神社が著名である。

特徴的な祭礼として、夏祭りと秋季大祭の宵宮に行われるススキ提灯献灯行事があり、十張三段の提灯が行列をなして奉納さ

鴨都波神社

八咫烏神社

れるものである。

神武東征と八咫烏神社

近鉄榛原駅から県道三一号線を芳野川沿いにしばらく行くと八咫烏神社がある。伊勢本街道（三六九号線）と伊勢街道（一六六号線）の中間に位置しており、この土地は、神武東征とそれにまつわる八咫烏の神話を思い起こさせる土地である。

神武天皇は大和を攻めるに際して、まず生駒山麓から攻め入ったが失敗し、紀伊半島を廻り、東から攻める事を決定する。その際に天照大御神と高御産巣日神に派遣され、神武天皇を案内したのが八咫烏である。この神は鴨氏の祖である賀茂建角身命としても知られている。神武天皇は熊野から吉野を越え、宇陀から大和盆地に入った。この八咫烏を祭ったのが八咫烏神社である。南北朝の戦災で廃絶寸前となったが、江戸中期に下鴨神社の境内社である河合神社の鴨姓の河合氏が派遣されて以降、復興されている。

王城守護と鴨氏

八咫烏は、神武天皇が大和に朝廷を開いた後、高鴨に移り住み、恭仁京のあった岡田の鴨に居を移し、さらに長岡京に都が移動する前には久我の地に移動したと、「山城国風土記」逸文に記載されている。

高鴨神社は前述の通り、大国主が大和朝廷を守護する為に息子を鎮座させた場所であり、王城守護の役割を果たしているが、鴨氏が奉斎する岡田鴨神社や久我神社さらに、京都における下鴨神社上賀茂神社も同様の役割を担っていたと言える。これは方角を守護するという呪術的問題も考えられるが更に、治水の面も重要であったといえる。

つまり、恭仁京に遷都した際の岡田鴨神社、長岡京に遷都した際の久我神社、そして、平安京の下鴨・上賀茂の両神社はいずれも王城守護の役割を担っていたと考えられる。治水を司る神としての性格もあり、鴨都波神社では、葛城川と柳田川の合流地点に鎮座しており、また岡田鴨神社は木津川の河岸に、久我神社は桂川の河岸、そして、下鴨神社は葛野川と賀茂川の合流地点にその社殿があり、統治の安定が治水と密接に関わっていた事が宗教面にも及んでいた事がこの事からも理解できる。

宗教面における王城守護の役割は鴨氏の神社が果たす事になったが、これは大国主と大和朝廷との約定に基づいたものであり、また葛城山系は鴨氏の力が強く及んでいた事もあったと考えられる。これは一言主神の伝承からも解る。鴨氏が奉斎する神々は鴨氏と共に、王城守護の役割を担いながら、奈良盆地のみならず平安京に至るまでその姿を見せている。そしてその姿の原型は葛城山系にある高鴨・中鴨・下鴨に、そして神武東征との関係を八咫烏神社に見る事ができるのである。

（匝瑶葵）

◇伝説地情報◇

アクセス

高鴨神社　御所市鴨神　近鉄御所駅からバスで風の森下車、そこから徒歩約15分。葛城の道歴史文化館がある。

葛城御歳神社　御所市東持田　近鉄御所駅からバスで小殿下車、徒歩約10分。

鴨都波神社　御所市宮前町　近鉄御所駅から徒歩約10分。

八咫烏神社　宇陀市榛原高塚　近鉄榛原駅からバス。高塚下車徒歩約2分。

31 大津皇子の二上山墓と薬師寺龍王社

葛城市加守と奈良市西ノ京町

「雲に騰る悪龍」を彷彿させる二上山（吉田一郎氏提供）

大津皇子は世を嫌い、不多《ふた》神山《かみやま》に籠居した。しかし謀告《ぶこく》され掃守司蔵《かもりしぞう》に監禁されること七日に及んだ。それで皇子が悪龍となって雲に騰《のぼ》り毒を吐いたため天下の平穏が乱れた。朝廷《みかど》がこれを憂えられた。義淵《ぎいん》僧正は皇子の平生の師である。そこで修円《しゅうえん》に命じて悪霊を呪《まじな》ったが念気を抑えることができなかった。直ちに修円は空を仰いで一字千金と呼ぶと悪霊は承諾した。そして皇子のために龍峯寺《りゅうほうじ》を建てた。葛下《かつげ》郡にある掃守寺《かもりでら》である。また七月二十三日、宣旨を薬師寺に賜り、六十人の僧に願って威・従四人、七日間、大般若経を転読した（『薬師寺縁起』一〇一五成立、『續群書類従』第二十七輯下　筆者要訳）

◇伝説探訪◇

ここに紹介した、『薬師寺縁起』に掲載された大津皇子の伝承は、これまで注目されることは少なかった。それだけに、大津皇子が薬師寺の龍神となって祀られているのは注目すべきことである。

天武天皇の第三皇子である大津皇子は、日本最古の漢詩集『懐

二上山へ続く道（香芝市良福寺）

風藻』に「幼年にして学を好み、博覧にして能《よ》く文を属《つづ》る。壮《さかり》なるに及びて武を愛《この》み、多力にしてよく剣を撃《う》つ」（幼年より勉学を好み、広く知識を持ち、立派な文章をつづる。成長し武芸を好み、力が強く、剣術に優れていた）とあり、逞しく品格の高い皇子として描かれている。大津の人物像については、『懐風藻』だけではなく、『日本書紀』にも「立ち振る舞いは際だち、声も優れ明るく大きかった」「事をわきまえ、才学もあった」と褒め称える。

ところが、『日本書紀』持統称制前紀（六八六）十月三日条に、「皇子大津を訳語田《をさだ》の舎《いへ》に賜死《みまからし》む」とあり、天武天皇崩御の直後、大津皇子が謀反の罪で自害させられたことが記されている。また『万葉集』には、大津皇子の死を悼んで詠んだ姉の大伯皇女の歌が載せられている。

うつそみの　人なる我《われ》や　明日よりは　二上山《ふたがみやま》を弟《いろせ》と
我《あ》が見む（巻二・一六五）

（生きて現世に残っているわたしは、明日からは二上山を弟と
思って見ていきましょう）

この歌の題詞に「大津皇子の屍《かばね》を葛城の二上山に移し葬《はぶり》

勝間田池越しに望む薬師寺（高谷英男氏提供）

し時」とあり、大伯皇女がこの歌を歌った頃には、大津皇子は二上山のどこかに埋葬されている。

『薬師寺縁起』には、先に紹介したように、大津皇子が「不《ふ》多《た》神山《かみやま》に籠居」したとある。これは大津皇子が二上山に埋葬されたことと関係している。また、「謀告」とは大津が陰謀により失脚したことを意味している。さらに、大津皇子の「念気」により怨念が悪龍となって雲に騰り毒を吐いたというのである。ところが義淵の七上足の一人、宣《せん》教《きょう》の孫弟子にあたる修円が呪文を唱え、「一字千金」と呼ぶと悪龍は承諾し、大津皇子の怨念は鎮魂された。そして大津の供養のため二上山の麓に龍峯寺（加守寺）が建てられ、薬師寺で大般若経が転読されたという次第である。

悪霊は、その怨念を祓除すれば御霊神として人々を守護する神となる。『薬師寺縁起』に登場する義淵は、農耕に欠くことのできない雨と日照を約束する龍神信仰をもとに龍蓋寺（岡寺）など五龍寺を造立した法相宗の高僧であるが、この義淵の遺徳により大津の魂が慰撫鎮魂され、雨をもたらす五穀豊穣の神、龍王となった故由《ゆえよし》と考えられる。

東大寺二月堂修二会（お水取り）では練行衆《れんぎょうしゅう》が十一面観音に悔過《けか》を行い、天下大安や五穀豊穣を祈る。午後七時から行われる初夜のなかで毎晩「神名帳《じんみょうちょう》」が読み上げられるが、その中の五二二にも及ぶ神々のうち、最終第九段が十一柱の「御霊」である。八島《やしま》御霊は早良《さわら》親王、西寺《さいじ》御霊は淳仁《じゅんにん》天皇、天満天神《てんまんてんじん》は菅原道真、大道《おおみち》御霊は長屋王などと特定され、最後の葛下郡御霊が大津皇子とされる（砂藤道子「二月堂修二会に思うこと」『月刊大和路ならら』二〇一三年二月号）。

薬師寺修二会（花会式）では、初夜に行われる祈願作法の「神分《じんぶん》」で神々の来《らい》臨影向《りんようごう》が乞われるが、そのなかでも菅原道真の「天満天神」などと並び「大津《だいしん》聖霊《しょうりょう》」が唱えられる。

薬師寺龍王社
7月26日の龍王社祭では神体・難陀龍王が姿を現す

薬師寺には龍王社があり、祈雨の神とされる龍王像が祀られる。勝間田池北岸の龍王山にあった龍王堂が移転されたものだ。松本俊吉は、龍王社の扉に「奉造立西京大津宮于時天正九年」と書かれていることに着眼し（『奈良歴史案内』）、これを裏付けるように『薬師寺志』（『大日本仏教全書・寺誌叢書4』）にも「外扉記に云」として同文の記録が載せられている。そのうえで松本は、「龍王社が大津皇子を祭神としているのはかくれもない事実」（「大津皇子と薬師寺」『中央公論　歴史と人物』昭和五十六年五月号）と述べている。

『薬師寺黒草紙』（『大日本仏教全書・寺誌叢書2』『續々群書類従』第十一）の康永二年（一三四二）の記事には、八月二十三日に行われた大津宮御祭のことが記されている。『薬師寺新黒草紙』（同）の享保七年（一七二二）の記事では、同じ八月二十三日が勝間田龍王神事法会の日となっている。おそらく勝間田龍王神事法会は、もとは大津宮御祭であったと推測される。

中世から近世にかけて薬師寺は勝間田池の水利権を掌握し、龍王社（旧大津宮）はその水で灌漑する近在の五か村の龍神として祀られてきた。西瀬英紀は、龍にまつわる加守寺の縁起が薬師寺縁起にとりこまれたとする。そして強い神威を発動する皇子の御霊が、寺域の護法神として勧請されたのではないかと述べている（「薬師寺修二会の存続基盤」『藝能史研究』NO.76）。

毎年七月二十六日、風雨順時、五穀豊穣を祈る龍王社祭が行われる。薬師寺で大津皇子は慰撫、供養され、雨をよく降らせる霊験あらたかな龍王あるいは御霊として信仰されている。薬師寺には伝大津皇子坐像（重文）が伝わり、かつては大津宮とも呼ばれた龍王社が、白鳳仏の傑作・聖観音菩薩立像（国宝）のある東院堂の南に鎮座している。

（上島秀友）

大津皇子の墓（二上山雄岳頂上）

◇伝説地情報◇

主な年中行事

のぼり（ダケノボリ）

毎年四月二十三日、と呼ばれる二上山近郷の人を中心に行なわれる登山。古くは農家の祈雨のための行事であった。

薬師寺龍王祭

毎年七月二十六日、薬師寺龍王社において、勝間田池の水利を受ける七郷の人がお供えをし、祭神である難陀龍王が開帳されて法要が営まれる。

薬師寺花会式（修二会）

平成二十六年から、三月二十五日から三月三十一日に変更されている。最終日には鬼追式が行われる。

アクセス

二上山雄岳山頂に大津皇子の墓がある。二上山登山は、近鉄南大阪線二上神社口駅下車、加守神社（二上山雄岳登山口）まで徒歩6分。また、近鉄南大阪線二上山駅下車、上の池（二上山雄岳登山口）まで徒歩7分。山頂までは1時間弱。

薬師寺へは、近鉄橿原線西の京駅前。

32 当麻寺と浄土信仰　葛城市當麻

八条女院が、灯火を手にして当麻寺に御着きになった。この寺には大切な歴史が潜んでいる。この寺はもと禅林寺といい、橘の豊日天皇の皇子、麻呂子の親王の御発願による寺であった。金堂には弥勒菩薩が安置されている。当麻寺と申す由縁には次のようなわけがあった。天武天皇は大友皇子の際、吉野の宮をお出ましになり、美濃の国に逃げ去られた。かの宮の侍従三位であった当麻国見眞人は、わが命を捨て忠節をあらわし大友皇子の首を天皇に献上する。その功績によって官位に叙せられたのであった。

また、ある縁起にはこのように伝える。麻呂子親王とその夫人は信心深く、善き土地を求めて当地を選び精舎を建立した。金堂には満月の如く光明を放つ弥勒三尊を安置し、西堂には極楽の九品をあらわす宝樹の変相が成就しているのであった。夫人は常に願じて次のように言う。なんとかして浄土に往生し、生きとし生けるものを導きたいものだ、と。しかる後、天平宝字七年六月二十三日の夜、突如化人が現れ蓮糸で変相を織り出したのであった。それは化人と夫人とがかの浄土を顕したのか。はたまた九品の蓮台をかの場に送り届けたものか定かではないが、つくづく不思議なことであった。

かの寺の僧侶によれば、曼荼羅の下の縁に「天平宝字七年」という年号がにわかに織りつけられたという。その頃であろうか、横佩の大納言という人がいたが、その娘は朝夕に極楽往生を願い、その曼荼羅を写したいと祈願するばかりであった。数年の後、一人の化人が化現し一夜のうちに曼荼羅を織り出し、いずくともなく姿を消した。この大納言の娘は一生の間、この曼荼羅に向かって懈怠なく仏道修行を続け、極楽に往生したという。この曼荼羅に用いら

おねり（毎日新聞社提供）

れた上軸の竹は一丈余り節のないものであった。

（『建久御巡礼記』）

◇伝説探訪◇

高橋伸幸氏が「当麻寺創建説話の展開」で述べられるように、その創立を奈良時代とするにもかかわらず、当寺の「史実としての」記録は十二世紀まで見出すことができない。ただし寺院としては古くから縁起なるものはもっていたはずである。権威づけのため、皇室との結びつきを強調し同時に、霊験性の色付けをほどこした。さらに、地域的信仰対象であった藕糸曼荼羅の伝承を、法然流の善恵房証空とその門末が利用・喧伝した。やがて「たいままんだらえんぎ」という独特な伝承世界の展開・発展を可能にしたのである。

ある寺院が有名になるための大きなきっかけとなるのは「寺の復興」であろう。それは新たな信者の獲得と、信仰圏の拡大をはかることができるチャンスともなるはずである。平重衡の南都焼討ちは多くの寺院を消失・破壊させた。しかし、被害にあった寺院にとっては、新たな信者獲得のチャン

当麻寺の塔

スとなったということだ。災い転じて福となす。寺院復興のために寺の縁起を説き、その由緒正しき権威性を強烈に象徴づける。霊験不思議の奇跡を語って聴衆の喜捨を募り、もって結縁功徳の信仰的満足を人々に与えることになるのだ。

　こうした「縁起」の中から「中将姫」という特別な存在が誕生した。彼女はもと横佩大納言の娘として登場するのみであったが、名を与えられることによって、数奇な人生を送った女性として知られることとなった。時代的要請の中で女性として「縁起」の中で往生した。曼荼羅にかかわるところでも、彼女はいつの間にかその織り手として巷間に定着してしまった。さて、ここで珍しい「中将姫」を紹介したいと思う。「当麻寺」という名とともに生きた女性の物語を紹介しつつ、伝説の旅をともにしたい。

　大谷大学図書館に所蔵される『三国尼女伝』は天竺・震旦・日本の三国に尼女として生きた女性を紹介している。

本書で中将姫は「忍来」という名で登場する。「中将姫」という名をあくまでも俗称として扱っている点が注目されるところだ。ある研究者は禅宗の中でも臨済系統の流れを感じさせる命名であり、道歌の世界を使用する唱導の場をくぐった産物としての意味をこの名に見い出している。そもそもこの『三国尼女伝』は漢文体で書かれている点から推察すると、公開性の低い世界での産物のようでもある。世間との交流を拒絶する中将姫。これは後に雲雀山という場で展開される説経・浄瑠璃・歌舞伎の世界で、独り歩きする中将姫のイメージとは隔絶された宗教観をここにみることができよう。

近鉄南大阪線・当麻寺駅。京都から目指すには結構な時間を要する。京都から、あるいは大阪からようやくたどり着くという感覚は、あるいは間違っているのかもしれない。それは時間短縮を求める現代的な感覚によるものであり、かつ都会的な発想によるものではなかろうか。中央からの距離とか、便利さとかそういうものでみるのではなく、「中将姫」の物語がたどった不思議な時代的世界、その原点をここ「当麻寺」にみたいものだ。ここはたどり着く場ではなく、宗教へ、そして世俗へ出発する場としての特別な空間なのだと…。あらためてその不思議な世界に立ってみたいと思うところだ。

（菊池政和）

◇伝説地情報◇

アクセス

當麻寺　近鉄南大阪線當麻寺駅下車、徒歩10分。

33 奥田の蓮池──ひとつ目の蛙と蓮華会──　大和高田市奥田

役行者《えんのぎょうじゃ》の母、刀良売《とらめ》は奥田の蓮池の堤で病を養っていた。夏のある朝、刀良売が池中の捨篠《すてしの》神社に詣でると、遠く蛙の音が聞え、光かがやいて池の蓮《はす》の茎が伸び、二つの白蓮が咲いた。そこには金色の蛙が唄《うた》っていたのである。刀良売はかやを一本ぬきとって蛙に投げたが、蛙は片眼を射抜かれて水中深くもぐった。その瞬間地面をいろどった五色の露も、一茎二華の白蓮も消えて、蛙はみにくい褐色に変わり、一つ眼になって浮び上がってきた。刀良売は自責に堪えず、ついに重態に陥り、四十二歳で他界した。

母を失った役行者は、発心《ほっしん》して修験道《しゅげんどう》を開き、吉野深山に入峯《にゅうぶ》後も、吉野山蔵王権現《ざおうごんげん》を崇《あが》め、蛙の追善供養を行なって母の菩提《ぼだい》を弔うたという。毎年七月七日には、吉野の山伏が奥田にきて行者堂と刀良売塚に香華《こうげ》を献じ、蓮池の蓮一八〇本を切り取って、吉野山から大峯山まで沿道の祠堂《しどう》に献じ、蛙祭りの供養としている。奥田蓮池の蛙の眼は、それから一つであるという。

（『大和の伝説（増補版）』より）

◇伝説探訪◇

ここにあげた伝説は大和高田市奥田に伝わるものであり、『大和の伝説（増補版）』（大和史蹟研究会、一九六〇年）に収録されているほかに『大和高田市史』（大和高田市役所、一九五八年）や『吉野町史』下巻（吉野町役場、一九七二年）でも取り上げられている。奥田の蓮池伝説は、修験道の創始説話と結びつくとともに金峯山寺《きんぷせんじ》の年中行事のひとつである蓮華会《れんげえ》の由来を語るものとして興味深い。

蓮華会は蓮が咲く時期におこなわれる法会であり、本尊に蓮華を供えて蓮華三昧経《れんげざんまいきょう》などを諷誦《ふじゅ》する例が多く、現在では奈良をはじめ近畿地方のいくつかの寺院で営まれている。金峯山寺の蓮華会は毎年七月七日から翌八日にかけておこなわれており、観衆のハイライトとなるのは蔵王堂前庭でおこなわれる「蛙飛び行事」である。しかし、この法会のなかで蔵王権現等に奉献される蓮が奥田の蓮池で採取されたものであることは意外に知られていない。

現在、毎年七月七日に奥田の弁天神社に接する池（捨篠池）において「蓮取り」と呼ばれる行事がおこなわれている。行事の舞台となる池は、伝説の地となった蓮池に比定されており、修験道の開祖として知られる役行者（役小角）の母刀良売が詣でた捨篠神社は現在の弁天神社とされる。

奥田の蓮取り行事

蓮取り行事および金峯山寺の蓮華会の概要は次のとおりである。

七月七日の午前五時ごろ、奥田自治会の役員数名が捨篠池《すてしのいけ》へ集まり、金峯山寺へ献上するための蓮を百数十本採取する。この早朝の蓮取りとは別に午前十時から同池で奥田区主催の蓮取り行事がおこなわれる。こちらは観光行事として催されているものであり、池の周囲は修験者、奥田区住民、観光客など大勢の人で賑わう。この行事では奥田区の役員が舟の上から鎌で蓮を数本採取する。しかし、こちらの蓮は金峯山寺に供することはない。

午前十一時三十分ごろ、修験者一行は池からほど近い善教寺へ移動して行列を整え、隣接する福田寺《ふくでんじ》（行者堂）へ向かう。ここで早朝に刈り取った蓮を受け取り、これを担いで刀良売の墓へ向かう。墓前へ蓮を供えると、般若心経を唱えて供養をおこなう。ちなみに刀良売の墓とされる五輪塔は、

刀良売の墓とされる供養塔

昭和五十五年（一九八〇）に修験道の信者から寄贈されたものである。それ以前は木製の墓標が立っていたという。それより古くは大きな塚があり、その塚を奥田の住民は「トラメさんの墓」と呼んでいたという。昭和初期ごろの奥田を知る住民の語りによると「今思うとあれは円墳だった」、「高さは二〜三メートルほどあった」という。この塚は昭和十五年から二十五年ごろに削平されて塚としての面影はなくなってしまったようである。

修験者たちは刀良売の墓前で法要を終えると、次に捨篠池をぐるりと一周して弁天神社へ到り、神社の境内で採灯《さいとう》護摩《ご ま》供《く》を修する。それから午後一時ごろに吉野山へ移動する。吉野山では山上ケーブル駅前広場に一山僧侶が集って奥田の蓮を出迎える。到着した蓮は金峯山寺蔵王堂に運ばれて蔵王権現に奉献され、一山僧侶による蓮華会法要が営まれる。その後、蔵王堂の前庭で蛙飛び行事がおこなわれる。この行事は蛙の姿になった人間を修験者の法力で元に戻してやるという内容を儀礼化したものとされる。蛙飛び行事の後に採灯護摩供がおこなわれてこの日の行事は終了する。翌八日は、修験者等が行列を組んで吉野山から山上ヶ岳の各拝所に蓮を供えて歩き、大峯山寺《おおみねさんじ》に到って法要と採灯護摩供を営む。これを蓮華奉献入峰《にゅうぶ》という。以上が奥田の蓮取り行事と金峯山寺の蓮華会の概要である。

金峯山寺の蓮華会に関する有力な記録は鎌倉時代にまで遡るが、奥田における蓮取りの風習も蓮華会に関連して古くから記録されている。例えば、吉野山の竹林院に蔵される室町時代の記録『当山年中行事条々』には、「六月九日、禅衆の役にて蓮華の迎えに下向する。往古は奥田にて延年あり、近年は丈六堂まで下向し、蓮華を蔵王堂へ入れ奉る。その夜、験競あり」とある。これによると、禅衆と呼ばれる僧侶が旧暦六月九日に蓮華を迎えに行く役目を担っており、古くは奥田で延年がおこなわれていたという。延年とは僧侶や稚児によって演じられた舞楽《ぶがく》、散楽《さんがく》、猿楽、白《しら》拍子《びょうし》、小歌《こうた》などといった芸能のことをいう。そして、蓮華を蔵王堂へ入れた後に験競《げんくらべ》がおこなわれたようである。験競とは修験者が修行によって得た効験の力をくらべ合うことをいう。この験競が蛙飛びの行事に関連するものとされる（宮家準『大峰修験道の研究』一九八八年）。

奥田の蓮池や蓮取り関連の記録が頻繁にあらわれるのは江戸時代中期以降からである。例えば、奥田区が所蔵する宝暦十年（一七六〇）の「明細帳」（『改定大和高田市史』史料編に収録）や文化十二年（一八一五）ごろにまとめられた『大和高取領風俗問状答』（『日本庶民生活資料集成』第九巻に収録）、吉野山心善院が高取御役所へ宛てた文政四年（一八二一）の文書（前坊家所蔵、『改訂大和高田市史』前編、一九八四年に収録）、安政六年（一八五九）に奥田村の年寄と庄屋が吉野山の役人へ宛てた文書（前坊家所蔵、『改訂大和高田市史』前編に収録）などに当時の蓮取りの様子が記載されている。

そのように、蓮取りは奥田の人々によって連綿と伝えられてきた行事であるが、明治時代になって中断してしまった経緯がある。その理由は金峯山寺の歴史をみていくとわかりやすい。

明治政府の神仏分離政策によって、金峯山寺は明治七年（一八七四年）に廃寺処分を受け、一山は政治的弾圧のもとに壊滅してしまった。その後、明治十九年には仏寺として復興したが、しばらく蓮華会および諸行事をおこなうことはできなかった。それにともない、奥田の蓮取り行事も中断したわけである。

金峯山寺の機関誌である『修験道』第一一六号（金峯山寺、一九三〇年）によると、蓮華会は昭和五年（一九三〇）になって復活したことがわかる。この時に奥田の蓮取りも再興されたようである。しかし、昭和五年から数年間は捨篠池の蓮を使っていたようであるが、池の水の汚染などから蓮が育たなくなり、一時期は蓮取りの舞台が福田寺の池に移ってしまった。平成九年（一九九七）の市政五十周年に際して蓮取り舟を新調するとともに捨篠池の改修工事がおこなわれて以後は、蓮華会に奉献する蓮を再び捨篠池で採取するようになった。近年では蓮取り行事を見ようと多くの観光客がやって来るようになり、当日は池の周囲をぐるりと観光客が埋めつくすほどになっている。

ところで、奥田と吉野山の金峯山寺はおよそ二十五キロメートルの距離がある。わざわざ奥田の蓮池で成育した蓮を蓮華会に用いるのはなぜなのだろうか。はたして冒頭に紹介した伝説に基づくものなのだろうか。その疑問を解明するためには、やはり金峯山寺の歴史をひもとかなければならないだろう。しかし、江戸時代における奥田は吉野山と政治的、経済的には特別な関係になかったようである（首藤善樹編『金峯山寺史料集成』国書刊行会、二〇〇〇年）。室町時代まで遡ると、金峯山寺の所領が現在の大和高田市周辺にあったことが指摘されているもののそれ以上のことはわからない（浦西勉「大和高田市奥田の蓮取り行事に関する覚書」〈『修験道』宗報第四二号、二〇〇一年〉）。今のところ両者の関係についてはっきりとしたことはわからないが、注目すべき資料が奥田の善教寺に伝わっている。それは寛政七年（一七九五）の年紀がある「大和国高市郡興田邑善教寺略縁起」である。その内容は次のとおりである。

息長足日広額天皇（諡舒明）七年乙未正月朔、刀良売向捨篠池拝神霊、于時蓮葉一茎生二華、為奇異献朝。同時池中有蛙、出水乗蓮葉浮之。刀良売怪之取池側篠役（投）之中蛙目入水中。爾来此池蛙片眼也。又有捨篠池之号、起于此時乎。又毎歳六月七日於吉野山蔵王堂、有仏事（俗号蛙祭）。自吉野山毎当其日取此池蓮葉行仏事。今猶然。有故乎焉。

（舒明天皇七年正月一日、刀良売は捨篠池で神霊を拝んでいたところ、一つの茎から二つの花が咲く蓮を見つけた。また、蓮の葉に乗る蛙を見つけた。刀良売は怪しんで池の側にあった篠を投げたところ、これが蛙の目に当たった。以来、この池の蛙は片目になった。捨篠池の名称はこれに因むものである。毎年六月七日には吉野山蔵王堂で仏事（俗に蛙祭り）が営まれるが、それにはこの池の蓮華が用いられている。）

これには、冒頭にあげた刀良売と一つ目の蛙の伝説がそのまま記述されている。ただし、役小角が奥田の蛙を供養するというような記述はない。蔵王堂の仏事として「蛙祭」があり、奥田の蓮が用いられるとあるのみである。修験道の創始説話と結びついたり、蓮華会の由来を語ったりするものではない。しかしながら、この縁起が冒頭の伝説のベースとなり、歴史的な流れのなかでさまざまな解釈が加わりながら奥田の人々に伝えられてきたのではないかと考えられる。

奥田の蛙と蛙飛び行事を積極的に結びつける動きは、管見の限り昭和五年の蓮華会復興時における金峯山寺関係者の語りに垣間見える。それは、『修験道』一五〇号（金峯山寺、一九三六年）に「蓮華会蛙飛行事の縁起」と題して次のように収録されている。長文のため要約して示すと次のようになる。

白河天皇の延久年間（一〇六九〜一〇七四）、高慢な一人の男が金峰山で修行中、役行者の法力を侮る暴言を吐いたところ、奇怪ヒュウという声とともに空中に飛ばされ、断崖絶壁の上に置き去りにされてしまった。さすがの高慢な男も懺悔して助けを求めているのを見た竹林院の老僧が「コレコレ、男、ではお前を救けて進ぜるが、とても人間としては扱われぬ。一旦蛙にしてやるから、その蛙の姿で業を晒しておりよ」と言って、秘法でその者を蛙にして助け出した。それから吉野山の蔵王堂に一山僧侶が集まって大修法をおこない、蛙からもとの人間の姿に戻してやった。これが蛙飛び行事の因縁である。さらに神変不可思議な奇跡は、この日、役行者の誕生地と称する現今奈良県高市郡天満村奥田（茅原吉祥草寺説もあれど）、その奥田の行者初産湯の水の通ずる奥田の池の蛙が一匹も居らなくなった事で、全くこの日、行者有縁のこの池の蛙が山上でこの奇瑞を示したものであろう。

蛙飛び行事（大艸啓氏撮影）

いずれにしても皆役行者尊が随縁随所の御教戒であるからと言うのでその奥田の池で育った蓮華を百八本吉野山から山上までの神社仏閣に一本ずつ奉献するの古式が蓮華会であって、これは日本広しといえどもこの奥田の池の蓮でなければいけないのである。

この内容をみていくと、蛙飛び行事に関わる蛙と奥田の一つ目の蛙はどうやら由来を別にするもののようである。蛙飛び行事の内容は、吉野山の僧侶の法力で人間を蛙の姿にして後に元に戻してやるというものであり、いわば吉野山の僧侶（修験者）の特異性（法力）を誇示する内容となっている。そもそも刀良売に関する記述もなく、奥田の伝説にあったように蛙の供養のために蓮華会がおこなわれるというようなことは一切述べられていない。

謎は深まるばかりだが、たとえ吉野山と奥田の蛙は由来を別にするものであったとしても、どちらも金峯山寺の蓮華会に関わるものであり、両地でおこなわれる行事に蛙が関係しているのは興味深い。

（青江智洋）

◇伝説地情報◇

行事

奥田の蓮取り行事（次第）

七月七日午前十時　蓮取り（捨篠池）

十一時三十分　行列（善教寺→福田寺→刀良売の墓→捨篠池一周→弁天神社）

十二時　弁天神社で大護摩供

十三時　吉野山へ出発（行者と奥田の住民が一〇八本の蓮華を吉野山へ持参）

※時間は予定のため、変更されることもあるので注意

奥田の弁天神社へのアクセス

所在地　大和高田市奥田

交通手段　七月七日は、近鉄高田駅・ＪＲ高田駅・近鉄高田市駅から、奥田の捨篠池まで無料送迎バスが運行している。時刻表などの詳細は、大和高田市教育委員会へお問い合わせのこと。

34 吉祥草寺の大トンド——役行者誕生の地——　御所市茅原

毎年旧正月十四日に、南葛城郡御所町の少し東にある茅原の寺で、大きな竹・茅・藁等で造ったトンドを二つ立て、トンド会がおこなわれる。これは昔、役行者が大峯山に行く途中、ここまでこられて、あまり多くの茅が生え茂っていたため、これを焼き払われたことに始まるという。それから少したって、その跡に茅原の村ができた。ここでは、年に一度トンド会をおこなわなければ、必ず火事が起るという事である。

（「茅原のトンド」『大和の伝説』　清村善一郎　採集）

（前略）寺伝によると、第四十二代文武天皇御悩の時、一七ヶ日、この寺に入って祈願せられると霊験著しく、御悩たちまち平癒したので、ここに大法会を挙げられることになった。その時、地方の男女も皆集って、狂喜雀踊したが、時あたかも厳冬の夜中であったので、暖を取りまた境内を照すために、大きな松明を燃した。これが茅原のトンドの起源であるという。

（「茅原のトンドの由来」『大和の伝説』　杉村俊夫　採集）

◇伝説探訪◇

御所市の古刹吉祥草寺は葛城山系の麓に位置しており、修験道《しゅげんどう》の開祖とされる役行者誕生の地と伝えられている。この吉祥草寺で毎年正月十四日におこなわれているのが左義長《さぎちょう》（大トンド）法要である。

ここにあげたふたつの伝説は、吉祥草寺の大トンドの由来を物語るものであり、いずれも昭和八年（一九三三）に発行された『大和の伝説』（大和史蹟研究会、一九三三年）に収録されている。前者の伝説は、清村善一郎という人物が

吉祥草寺の大トンド

御所《ごせ》市《し》茅原《ちはら》で採集したものであり、その内容は、役行者が大峰山へ向かう途中、この地に生い茂る茅を焼き払ったことが大トンドの起源になったというものである。後者の伝説は、教員であった杉村俊夫が報告したものであり、その内容は、吉祥草寺の大法要に参加した男女が暖をとるためと境内を照らすために松明を燃したことが大トンドの起源になったというものである。このふたつの説には大きな違いがある。すなわち、一方は役行者（役小角）に由来するものとし、一方は民衆のおこないに由来するという違いである。伝説の採集者が異なることに加えて後者は寺伝を引用していることによるのかもしれないが、同時代の同一地域にふたつの由来が語られていることは興味深い。なお、前者は茅原という村の由緒を役行者と大トンドに結びつけている点で興味深く、後者は寺伝によるものとされるが役行者との関わりがまったくみられない点で興味深い。

さて、吉祥草寺の大トンドは、奈良県におけるトンド（ドンドとも称される）行事のなかでも規模が大きく壮観であり、雌雄一対の大松明を作るなど特徴的なところが多い。また、元日からおこなわれる修正会の結願日《けちがん》（法会の最終日）に実施されており、仏教行事と関連しているところも特徴である。

トンドは小正月の行事として知られており、全国各地の民俗調査報告書や自治体史などを通観すると、同様のおこないが全国的に分布していることがわかる。地域によって行事の名称や内容は異なるが、正月十四日ないし十五日に広場や田などに松や竹などの木々を中心に立て、そこにその年に飾った門松や注連《しめ》飾りなどを持ち寄って焼却すると

吉祥草寺

完成した大松明

いうものが一般的であり、民間の風習としておこなわれている。その際、書き初めを燃やして炎とともに空高く舞い上がると字が上手になるとか、トンドの火で焼いた餅を食べると身体が丈夫になるといった話が聞かれる。

トンドの起こりについては諸説あるが、有力なものは平安時代の宮中行事に由来するという説である。宮中の行事が民間に伝わり、現在のような形になったのだとされる。主に近畿地方では「トンド」あるいは「左義長」と呼ばれているが、名称の意味するところはよくわからない。

さて、大トンドを見学しようと吉祥草寺を訪れた人は、まず松明の大きさに驚かされることだろう。この大松明は御所市茅原《ちはら》と玉手地区の人々が正月十四日の早朝に寺へ集まって組み立てたものである。松明は二つ作られるが、これは雄雌一対を意味しており、それぞれ高さ約六メートルで最大直径約三メートル、重さが約七百キログラムの巨大なものである。茅原の者が雌の松明を作り、玉手の者が雄の松明を作っている。昭和三十年代までは、同市東寺田の人々が雌の松明を作る役目を担っていたが、戸数の減少など諸事情からそれが困難になり、茅原が代わって務めるようになった経緯がある。

行事の内容については、『御所市史』（御所市　一九六五年）や『茅原のトンド総合報告書』（御所市文化財調査報告書第四六集：御所市文化遺産活性化委員会編　二〇一四年）に詳しく、映像記録『茅原のトンド（継承編・一般編・普及編）』（御所市文化遺産活性化委員会企画、CNインターボイス制作　二〇一三年）などが参考になる。

ところで、吉祥草寺の松明はその形状に大きな特徴がある。トンドの松明というと円錐形の山型に作られるものが一般的であるが、この地域のものは下が狭く上に向かって朝顔のように広がっていく逆円錐形をしている。さらに雄とされる松明には、頂上部分に穂のようなものが突出しており、これが男性の象徴であるという。

行事のクライマックスは夜になって二基の大松明が燃やされるところであるが、そのほかにも見どころはある。昼

役行者　産湯の井戸

周辺地域の松明

のうちに吉祥草寺の周辺地域に目を移してみると、おもしろいことに気付くことができる。それは吉祥草寺の大トンドと同日に周辺地域でもトンドの行事をおこなっており、その松明の形状が吉祥草寺の松明を小型化したものとなっていることである。近畿地方においてトンドの松明といえば竹や藁を円錐形に組むものが一般的である（『近江八幡の火祭り行事』近江八幡市教育委員会、一九九八年などを参照）。それは近畿以外でも同様のようである（『弓浜半島のトンド調査報告書』鳥取県教育委員会、二〇一二年などを参照）。

この地域の松明は、一般的な松明の形状に比べて明らかに不安定であるため、周囲に支柱が必要となる場合もあり、製作は困難をきわめる。京都の清涼寺（嵯峨釈迦堂）で毎年三月十五日におこなわれる「お松明式」に用いられる松明も逆円錐形をしているが、こうした類例はあまり多くない。なぜこのような形に組み立てるのかについて理由は詳らかでないが、この地域に特異な形状の松明が分布するのは、吉祥草寺の影響であろうことは想像に難くない。吉祥草寺の大トンドを見学される際は、ぜひとも周辺地域のトンドについても見聞していただきたい。地域によって「うちのは雄の松明や」、「うちのところは雌の松明や」といった話を聞くことができる。

冒頭にも示したように、吉祥草寺の大トンドの由来には役行者の関わりが語られているが、その他にも吉祥草寺の境内には「役行者　産湯の井戸」とされるものがあり、これについて次のような解説がある。「一童子現れ、自ら香精童子と称し、大峯の瀑水〈香精水〉を汲みて役行者を灌浴する。その水、地に滴りて井戸となる」。また、役行者腰掛け石とされるものが境内に伝わっている。

これらの伝説の真偽については詳らかでないが、伝説の伝播者として修験者の存在を忘れてはならない。葛城山脈が中世から近世において修験者の道場として機能していたことが、この地域に役行者の伝説を根づかせた要因として考えられるのである。

（青江智洋）

◇伝説地情報◇

行事

吉祥草寺の大トンド　一月十四日

吉祥草寺へのアクセス

所在地　御所市茅原二七九

交通手段　近鉄御所駅からバスに乗り、茅原で下車して徒歩1分。または、JR和歌山線玉手駅から徒歩5分

35　静《しずか》御《ご》前《ぜん》のふるさと　大和高田市

大和高田市礒野《いその》は、日本の英雄源義経の愛妾静御前のふるさとと伝えられている。彼女は、この地で生まれ、各地を巡歴した後、ふるさとであるこの地に帰って生涯を終えたという。

静御前は、大和高田の礒野の長者の妻、磯野《いその》禅尼《ぜんに》の娘として生まれたと伝えられる。『義経記』によると、その容姿はたぐいなく、都にのぼって歌舞を身に付け、白拍子となって世に聞こえた美女《びじょ》である。源家の御曹司義経に見染められ愛妾となった。

その後、義経と兄頼朝との対立が決定的になって、義経は都を追われ吉野へ逃れる。静は義経に同行したが、雪の山中で義経一行とはぐれてしまう。静は女人禁制である金《きん》峰山《ぶせん》に入ることができずに義経と別れた。義経と別れた静は蔵王権現の前で白拍子舞を舞い涙を誘ったという。静は吉野で捕えられ、頼朝のいる鎌倉へ送られる。そこで、有

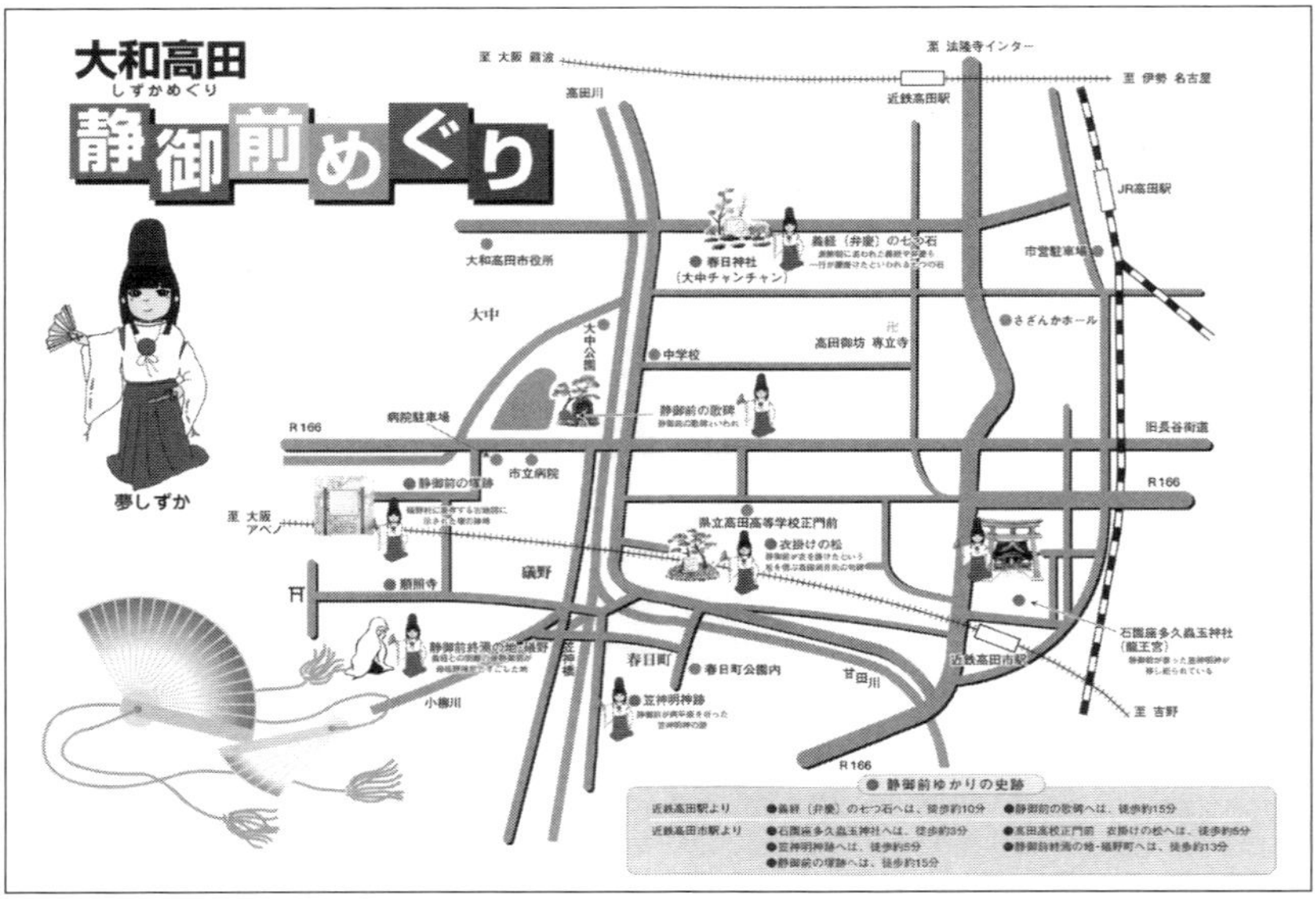

静御前めぐりの地図

名な、鶴岡八幡宮社頭での白拍子舞の披露となる。この時の詞が、

吉野山峯の白雪踏み分けて入りにし人の跡ぞ恋しき

という義経の身を案ずるものであったため、頼朝の怒りを買った。また義経との間にもうけた子を出産したが、男子であったため殺されたという。

頼朝の妻北条政子の計らいで、一命をとりとめた静は、都に帰ったが、心労で病《やまい》を得、ふるさと大和高田の母、磯野禅尼のもとに帰り、ここで、二十歳という短い一生を終えたと伝えられる。

◇伝説探訪◇

大和高田市一帯には、静御前にまつわる伝承地が多い。

笠神の杜《もり》（笠神明神）

病を得て、ふるさとに帰った静御前が、毎日通って病気平癒を祈ったというところが、礒野字笠神（現同市春日町）にある。かつては老樒が繁茂していたが、昭和三十年代より、付近に人家が建ったため、龍王宮（延喜式内・石園《いそにいます》多《た》久蟲《くむし(こ)》玉神社《たまじんじゃ》・大和高田市礒野西町）境内に移された。現在では毎年、この龍王宮に白拍子舞が奉納されている。

静御前衣掛けの松

静御前が笠神明神へ日参した折、ここで衣を掛けて休んだという。

宝暦年間の村絵図に、小字上田にある古墳の周りに三本の松が描かれている。現在、県立高田高校の南東の隅に当

大中公園の夜桜（撮影：上島秀友）
奥の大中橋は古代の横大路。公園内には「静御前記念碑」

る高田高校玄関前に、この地の俳人森田湖月の

色かえぬ　松に緑の　古墳かな

の句碑が建つ。

静御前の塚跡

笠神明神に日参の甲斐なく、病は癒えず静御前は、短くさびしい二十歳の一生を終えたという。この遺体は、字藤ノ木に葬られた。宝暦年間の村絵図に、その塚が描かれているが、現在は、私立病院の西。民家と民家の間に一坪程の跡地が残されるのみである。

義経（弁慶）の七つ石

ＪＲ高田駅の西、字大中《おおなか》の春日神社境内に七つの石がある。頼朝から追われる事になった義経主従一行は、静御前の母磯野禅尼を頼ろうと都を南下し、大和高田を目指した。義経一行七人は、この大中の社で休み、石に腰かけた。それが境内の七つ石である。この時に静御前は、義経一行と別れ、母磯野禅尼のもとにもどったとも伝えられる。大

和高田市の隣の香芝市平野にも「弁慶の七つ石」伝承がある。

大和高田は、古代律令制下、大和と河内を結ぶ幹線路である横大路が通り、また北から南の吉野へ通じる路の交わる交通の要衝であった。ここは二上山をほぼ真西に望み、その向こうは河内飛鳥の地である。

ここはまた、大和に最初に国を開いた初代神武天皇の勢力圏内で、その孫に当る第三代安寧《あんねい》天皇の片塩《かたしお》の浮穴宮《うきあなのみや》があった所とする伝承がある。それは、現在の延喜式内名神大社「石園坐《いそにいます》多久蟲玉《たくむしたま》神社（通称龍王宮）」の地とされる。

中世になると、この地は平田荘という藤原摂関家の二十二ヶ村二千三百町に及ぶ広大な荘園となり、橘氏の流れを汲み、公達《きんだち》とも呼ばれた萬歳《まんざい》氏や当麻《たぎま》氏の後裔とされる高田氏など八荘官によって管理運営されていた。

その萬歳郷内に當麻寺《たいまでら》があり、寺宝である當麻曼荼羅を中将姫が蓮糸で、一晩で織り上げたという説話伝承が有名であるが、その中将姫のモデルとされるのは、藤原豊成の娘とされることが多く、その意味でも藤原氏との関わり深い地でもある。

この八荘官は春日社の神人として春日若宮の流鏑馬《やぶさめ》を勤める平田党の国民であり、春日社との縁も深い。また正安元年（一二九九）、礒野の鶴女と母春王女が私領一町四反を春日社に寄進した記録が『春日大社文書』に残っている。礒野の地と春日社との間に深い関係があった。

『春日権現験記絵』には神楽が神慮を慰める芸能であったことが描かれており、中世、春日社において巫女舞や白拍子舞が舞われ、白拍子舞は春日神楽の中に定着していたようである（松村和歌子「春日社社伝神楽の実像」『奈良学研究第三号』）。現に今も若宮おん祭りで舞われる「松の祝」は白拍子舞を由緒とする。弘安六年（一二八三）には僧侶によって乱拍子が舞われており、また「文永十年祐賢記」（一二七三）四月七日条に「巫等萬歳楽」とあり、巫女によって萬歳楽が舞われていたことが記録されている。礒野禅尼が春日社と関わり深い萬歳郷の礒野の出とするならば、彼女が

白拍子舞

春日社で白拍子舞や萬歳楽を舞っていたことも注目される。『徒然草』第二百二十五段に、

「多久資が申しけるは、通憲入道、舞の手の中に興ある事どもをえらびて、磯の禅師といひける女に教へて舞はせけり。白き水干に、鞘巻を差させ、烏帽子をひき入れたりければ、男舞とぞいひける。禅師が娘、静と言ひける、この芸を継げり。これ白拍子の根元なり。仏神の本縁をうたふ」

この「磯の禅師」が男舞を舞い、仏神の本縁をうたうという伝えは、礒野出身の磯野禅尼が白拍子の元となるという伝承である。

なお、「磯禅師《いそのぜんじ》」の出身に関する伝承としては、『讃岐国名勝図会・巻之三』（地誌大系・版本）に「静は大和国葛城山のふもと礒野といふ処に生まれ、淡路島志筑の浦に没すと玉藻草に見へたり」とある。また生誕伝承地は淡路国志津郷、相模国小磯、丹後国磯村などがある。『和州国民郷士記』には、「磯野禅師同静女」とある。静の帰郷先についても讃岐、淡路、大和などのほか、丹後竹野郡磯には静神社もある。

日本の英雄源義経に関する伝説は、日本全土に伝えられている。ゆえにまたその愛妾とされる白拍子静御前の伝承も全国に多いのである。全国を見渡しても、磯禅尼や静御前の伝説は、磯という地や織物の産地（倭文＝しどり、しずり、しず）に集中している。大和高田にも磯（石園《いそ》）があり、倭文《しづ》神社がある、現在もこの地方は、大和木綿の産地として名高い。

静御前が、鎌倉鶴岡八幡宮社頭において歌ったというもう一つの歌に、

しずやしず　倭文《しづ》の緒環《おだまき》くりかえし　昔を今になすよしもがな

がある。この歌は、『伊勢物語』にもあるから、彼女の歌ではない。誰もが知っている糸巻き歌であり、民謡であったと考えられる。これを白拍子静御前が天下人源頼朝に捧げた。白拍子の誇りが感ぜられる伝説である。静御前という女性は、伝説の衣をまとっており、歴史上の一人の女性とは考えられない。悲運の貴公子源義経の流離の物語に添えるべく、多くの白拍子たちが何代にもわたって紡ぎ出していった、これまた伝悦上の悲運の女性である。

この地の白拍子たちは、春日大社や石園坐《いそにます》多《た》久《く》虫玉神社《むしたまじんじゃ》に所属する芸能者達であったと考えられる。

彼等は、自らの始祖的女性として、源義経や愛妾静御前とその母磯禅尼という人物を紡いで語り伝えたのであろう。権力を恐れず、英雄義経との愛を貫いた一人の白拍子の生き方を語り舞い、芸能者・語りの徒としての気概を示したのである。

（鈴鹿千代乃）

◇伝説地情報◇

アクセス

大和高田市へは次のコースがあります。

①近鉄大阪線大阪上本町駅～大和高田駅「快速急行」で約27分（一時間に三本）

②近鉄南大阪線大阪阿部野橋駅～高田市駅「急行」で約30分（一時間に二本）

③JR大和路線天王寺駅～高田駅「区間快速」で約33分（一時間に三本または一本）

④大阪から「西名阪自動車道」の法隆寺インターから約20分「南阪奈道路」「国道一六五号大和高田バイパス」から約10分奈良から「国道24号」で約50分

36 野口神社の汁掛祭と蛇綱曳き

御所市蛇穴《さらき》

葛城山下、御所《ごせ》市の南郊に、蛇穴《さらぎ》という不思議な名の村がある。この村の野口神社では毎年陰暦五月五日の祭典の後、「汁掛け」、「蛇綱曳《ひ》き」の奇妙な行事を行なっている。

この日は朝から座本の家に、村中の人が集まって、三斗三升三合（およそ七十リットル）の豆味噌《まめみそ》をすり、汁をこしらえて、村人も飲み、当日の参詣《さんけい》人や道を行き交う人々にぶっかける。これは邪気を払い、もろもろの病を除くということで、わざわざ近在から参詣する人が相当にある。その汁掛けが終わると藁《わら》でつくった蛇綱を、善男善女が村中ひき回って後、野口神社に納め、社前の大老樹にまきつけて行事が終わるのである。

その起源について、野口家の伝えるところによると、同家の祖で神倭《かんやまと》伊《い》波《わ》礼《れ》毘古命《ひこのみこと》の御子、日子八井命の後裔《こうえい》、茨田《まんだ》の長者が、河内の国から、この蛇穴の地にきて住んでいた。その長者にひとりの娘があった。そのころ、茅原郷から葛城山に、雨の日も、風の日も、かかさず修業勉強に通う役《えん》の行者とて、面《めん》

蛇綱曳き

貌魁偉《ぼうかいい》で額《ひたい》に小角のある人があった。長者の門前を通るのが常であったので、いつしか長者の娘の恋の的になったが、行者は応じなかったので、娘はついに女の一念から蛇身に化した。時あたかも旧五月五日の田植時で、村人が野良への弁当を持って通りかかると、大きな蛇が火をふいている。びっくりして、持っていた味噌汁を、蛇にぶっかけて逃げかえった。それから大ぜい誘い合わせてきて見ると、今まで恐ろしく火をふいていた蛇が、かたわらの井戸の中に、おとなしくはいっている。村人はこれは幸いだと、巨石をもって井戸をおおうた。

その後、その娘の供養にと、野口神社の祭典に、汁掛祭りと蛇綱曳きの行事をし、その人の霊を慰めるのだということになっている。

（『大和の伝説（増補版）』）

◇伝説探訪◇

文献による「汁掛祭」と「蛇綱曳き」

御所市大字蛇穴にある野口神社では、毎年五月五日に「汁掛祭」と「蛇綱曳き」と呼ばれる祭りが行われている。野口神社は、『奈良県史』第五巻によると「蛇穴集落の西南端に鎮座、神倭伊波礼毘古命（神武天皇）・日子八井命を祀る旧無格社であり、御神体は木彫の竜神である」という。そして、祭りに関しては、『大和の野神行事』に、「蛇穴のノグチサン」として記述があり、「行事の名称」には「野口行事を「野口さんの節句」「野口さん」あるいは行事の一部の儀礼行為より「汁掛けまつり」「蛇綱（じゃずな）引き」ともいう」とある。

祭りに関しては、『日本庶民生活史料集成』第二十六巻の「野口大明神社記」に「此日晨朝《じんじょう》より座本の家に邑中《むらぢゅう》人集ひて、三月十八日に三斗三升三合の豆をもて瓶置《びんおき》し密酥《ミソ》摺、蛇綱を作り、神供膳部《じんくぜんぶ》の事終りて後その業をなす」という記述がみられる。そして、『奈良県史』第五巻では、「汁掛祭は三斗三升三合の味噌にわかめを入れて汁を作り、これを参詣者にかける行事で悪魔退散の呪法として古来行われた」ともあるが、現在は人に味噌汁をかけるようなことはない。また、『奈良県史』第十三巻によると、「蛇綱曳き」は五月五日、六月四・五日に橿原市内及び県下各地で行われている野神祭りだとあり、その目的は農耕儀礼であるという。

現在の「汁掛祭」と「蛇綱曳き」

現在の祭は、五月五日の午前七時から準備が始まる。祭りでは、男性は「蛇綱曳き」に使用する「蛇綱」の制作、女性はおにぎりなどの食事の用意というように役割が分担されている。そのため、祭りの参加者は揃いの手ぬぐいをし、子どもと男性は法被姿、女性はエプロンを身に着けている。

神社の様子は、鳥居の上部には提灯がついた棒が括り付けられ、その足元には和太鼓が置かれている。そして、鳥居の右横にある小屋には運営委員会が設置されており、祭りに必要となる道具はこの小屋から取り出しているという。また、神社の左奥には社があり、その手前には、釜が置かれている。釜は竹で四隅を囲まれており、竹の上部には紙垂のかかったしめ縄が巻かれている。この釜は、味噌汁を入れるためのものだが、祭りの初めには、まだ空の状態である。そして、神社の中央では、「蛇綱曳き」に使用される「蛇綱」を制作するために、木造の櫓が組まれている。

蛇綱の制作は、鮮やかな青い法被姿の青年達と、紺の法被姿の年配の男性達によって行われる。蛇綱の頭は、前日

汁掛け

である五月四日に作られるという。頭は円柱のような形をしており、その顔は丸いつぶらな瞳と大きい赤い口が特徴的である。また、頭の両側からは輪になった縄が角のように飛び出ている。蛇綱は、櫓の上部に頭を通すような形で吊るし、胴体部分を藁と荒縄をねじることで制作される。櫓の上部には二人の男性がおり、蛇綱はその長さが増すたびに立て掛けられた梯子にそって、頭から神社の入り口の方へと降ろされていく。その際には、地面へ降ろされた蛇綱の頭に子供を跨らせ写真を撮る大人の姿もある。また、蛇綱制作時には、櫓の上部から日本酒の一升瓶を逆さにし、蛇綱へとかけるように撒いている姿も見られる。そして、ある程度の長さになると、蛇綱は櫓から降ろされて、尾の部分を三つ編み状に編み上げられる。間に数回の休憩を挿み、およそ四時間かけて制作された蛇綱は、仕上げとして鎌などで形を整えられたことで完成となる。その長さは、約十四メートルにもなるという。

蛇綱

　蛇綱の完成後、午前十一時には、男性達は社へと集まり、神主を先頭として祓いの儀式を行う。その際、社の手前に置かれた釜には味噌汁が注がれ、火がつけられる。その後、熱せられた味噌汁は、黒塗りの椀に一杯だけ注がれると、朱塗りの三方に乗せられ、社の中へと運ばれていく。そして、午前十一時十五分頃には、社での儀式は終了となり、男性達は社の外へと出る。その直後、祭りの参加者は蛇綱の周辺へと集まり、蛇綱の正面には榊の枝を持った神主が立つ。そして、神主が手にした榊の枝を蛇綱の前で数度振ると、その後、蛇綱の顔には法被姿の男性達によって日本酒がかけられる。次に神主は、杉の枝を手にすると、味噌汁の入った釜の前へと立つ。そして、杉の葉の部分を煮たった味噌汁に一度だけ浸し、杉の枝を勢いよく上部へと振り上げる。それにより空高くに跳ね上がった味噌汁は、釜の周辺へと降り注ぐように落ちてくる。この際、周りには少し下がるように注意が促される。この後、午前十一時三十分頃には、釜の中の味噌汁と用意されたおにぎりが、昼食として振る舞われる。

正午には、神社に和太鼓と呼子笛の音が響き、「蛇綱曳き」が始まる。蛇綱曳きは、午前中に完成した蛇綱を、集落を一周するような形で神社から引き摺っていく行事である。蛇綱曳きの中心となるのは、法被姿の男性と子どもであり、引き摺る際には蛇綱から出ている荒縄が持ち手となる。また、その際には呼子笛の音と「わっしょい」という掛け声が起こる。また、蛇綱の列とは別に二人の青年が和太鼓を担ぎ集落を周る。その際には、数人の児童たちがその後をついていく。蛇綱曳きの際は、各家の門や扉は開けてあり、門前で待っている家人の姿もある。そして、蛇綱と和太鼓は別れて移動する。蛇綱は一軒ごとの門前で三回持ち上げられ、地面に叩きつけられる。その際は、一回ごとに「よいしょ」という掛け声が掛けられる。そのたびに蛇綱からは藁が抜け落ち、道路には藁が散乱している状態となる。これに対して、和太鼓は各家の家人が制止する地点まで、家の中に土足で入っていくという。また、狭い道や足場が悪い場所では、蛇綱は男性達が肩に担いで運ぶようである。蛇綱の向きについては、蛇綱を運ぶ様子から蛇の頭はつねに東を向くように配慮されているようであるが、必ずしも東を向くように決まっているわけではないという。そして、北は鬼門なので、頭は北を向けないということは決まっているという。

蛇綱曳きは、三時間から四時間をかけて集落を周る。そして、その間には十分ほどの休憩が四回ほど入り、参加者にはジュースやアイスが配られる。その際、蛇綱は頭から尾までを真っ直ぐな状態で道路に置かれる。そして、集落を一周し、神社へと戻ってきた蛇綱は、最初と同様に神社の中央で地面へ三回打ち付けられる。その後、蛇綱は社の手前にある蛇塚へと巻きつけられ、そのまま宵宮祭がある十月頃まで塚の上に置かれるということである。

蛇綱曳きが終了すると、蛇綱で周ることができなかった場所へは、トラックに木製の御神体を乗せ、和太鼓と笛を鳴らしながらまわるという。その際、神社では鳥居の右横にある小屋で、子どもたちが着ていた法被と引きかえに、お菓子とノートが配られる。法被は蛇綱を引いた証であり、お菓子とノートは蛇綱を引いたものだけが貰うことができるという。そして、トラックで神社へと戻ってきた御神体は、来年の五月五日まで保管する家へと歩いて運ばれる。この際には、鳥居に括り付けられた提灯がはずされ、御神体は頭に乗せられる。御神体を保管する家には玄関にしめ縄が巻かれ、家では法被姿の男性達が集まり、神主が儀式を行う。儀式の最後には、祝いの音頭が歌われ、人々は神社へと戻る。その後、神社では櫓の上から、男性が三人で複数の紅白の餅を撒き、祭りは終了となる。

（青嶋香織）

◇伝説地情報◇

行事

新年祭　一月一日

汁掛祭、蛇綱曳き　五月五日

宵宮祭　十月四日

野口神社へのアクセス

所在地　御所市大字蛇穴五四〇番地

交通手段　近鉄御所線近鉄御所駅から徒歩で約30分。駅から下街道／国道二十四号線を北に二十二メートル進み、交差点「御所橋南詰」を右折百二十メートル、そこで右折三十七メートル、目的地は前方左側。

参考文献

『奈良県民俗芸能緊急調査報告書　奈良県の民俗芸能1』奈良県教育委員会、二〇一四
『諸国風俗問状答』中山太郎校注、東洋堂、一九四二
『改訂　天理市史料編第一巻』天理市役所、一九七七
『大和神社の祭りと伝承』古典と民俗学の会編、一九八八
『神道大系　神社編十二　大神・石上』神道大系編纂会、一九八九
『研究史神武天皇』星野良作、吉川弘文館、一九八〇
「神武天皇陵考」(『文化財と近代日本』伊藤敬太郎、山川出版社、二〇〇二
『律令期陵墓の成立と都城』今尾文昭、青木書店、二〇〇八
「大津皇子と二上山」(『萬葉の課題』)近藤健史、翰林書房、一九九五
『橿原市史』本編上巻・史料第三巻　改訂橿原市史編纂委員会、一九八七・一九八六
『葛城の英雄・けはや』二上山博物館、二〇〇〇
『近世民衆運動の展開』谷山正道、高科書院、一九九四
『近世大和地方史研究』木村博一、和泉書院、二〇〇〇
『御霊信仰』柴田實編、雄山閣出版、一九八四
『相撲の誕生』長谷川明、新潮社、一九九三
「天皇陵の伝承と大王墓と土師氏」(『網干善教先生古稀記念考古学論集』下巻　塚口義信、網干善教先生古稀記念考古学論文集刊行会編集、
一九九八)
『七夕と相撲の古代史』平林章仁、白水社、一九九八
『竹園日記』(一)竹園日記を読む会編、一九九八
『奈良県文化財調査報告書　第67集　鳥谷口古墳』橿原考古学研究所、一九九四
『奈良歴史案内』松本俊吉、講談社、一九七四
「二上山と大津皇子の「移葬」」(『万葉古代学研究所年報』第7号　菊池義裕、万葉古代学研究所、二〇〇九)
『日本古代の儀礼と祭祀・信仰　上』和田萃、塙書房、一九九五

「薬師寺修二会の存続基盤」（『藝能史研究』76）西瀬英紀、藝能史研究會、一九八二
「「山の二上」と氏族神」（『柴田實先生古稀記念日本文化史論叢』池田源太、柴田實先生古稀記念会編、一九七六）
『大神神社境内地調書』謄写版　大神神社、発行年不詳
「石上神宮出土の遺物」（『天理参考館報』第六号　竹谷俊夫、一九九二）
『大神神社史料』第二巻、大神神社、一九七四
『大神神社史』大神神社、一九七五
『神社の古代史』岡田精司、大阪書籍、一九八五
「三輪山と山麓の後期古墳の石室材」（『古代学研究』一九八号　奥田　尚、二〇一三）
『大神神社と石上神宮』『古代を考える山辺の道』白井伊佐牟、吉川弘文館、一九九九
「三輪山神婚譚と中国の王朝始祖譚」（『口承文芸研究』第二三号　千野明日香、二〇〇〇）
「大神神社に本殿はあったのか」（『歴史読本』藤井稔、吉川弘文館、二〇一〇・四月号）
『増補続史料大成　多聞院日記』巻第二　辻善之助編、三教書院、一九三五
『柳本郷土史論』秋永正孝、柳本町産業組合、一九三五
『黒塚古墳調査概報』奈良県立橿原考古学研究所、一九九九
「特鋳説は幻想だ・訂正増補版」（『東アジアの古代文化』一〇七号　森　博達、二〇〇一）
「中国古鏡の研究」班「三国西晋鏡銘集釈」（『東方学報京都』第八六冊　二〇一一）
『藤原仲麻呂』（日本歴史学会『人物叢書』一五三）岸俊男、吉川弘文館、一九六九
「大和神社新考」（『神道史研究』第四巻第四号　志賀　剛、一九五六）
「山辺の道の歴史的意義」（『古代を考える　山辺の道』和田　萃、吉川弘文館、一九九九）
「前方後円墳と平城京の三山」（『橿原考古学研究所論集』第九　森浩一、吉川弘文館、一九八八）
『天理市史』下巻、天理市役所、一九七六
『徒然草』西尾実・安良岡康作校注、岩波文庫
「夜討ち」（『中世の罪と罰』笠松宏志、東京大学出版会、一九八三）
『長谷寺縁起文』『大日本仏教全書』寺誌叢書二

『西国三十三所名所図会』(『日本名所風俗図会』十八)角川書店、一九八〇
『大和の伝説』増補版(奈良県童話連盟修、高田十郎編大和史蹟研究会)一九五九
『大和志料』下　斎藤美澄、奈良県編、歴史図書社、一九七〇
『長谷寺史の研究』　逵日出典、巖南堂書店、一九七九
『橿原市史』上下　改訂橿原市史編纂委員会、橿原市、一九八六~一九八七
『長谷寺略史』林亮勝、坂本正仁、真言宗豊山派宗務所興教大師八百五十年御遠忌記念事業委員会、一九九三
『毘沙門天―日本的展開の諸相―』橋本章彦、岩田書院、二〇〇八
「大和海石榴市考」(『国学院雑誌』樋口清之　一九五八・一〇・十一合併号)
『全講蜻蛉日記』喜多義男、至文堂、一九六一
『日本古典文学大系　日本書紀』坂本太郎他校注、岩波書店、一九六五
『枕草子全注釈』田中重太郎、角川書店、一九七二
「古代の三市とその交通地理的位置」(『橿原考古学研究所論集』第五　藤岡謙二郎、吉川弘文館、一九七九)
『枕草子全解環』萩谷朴、同朋社、一九八一
「チマタと橘―オトタチバナヒメ入水伝承を手がかりに」(『橿原考古学研究所論集』第七、和田萃、吉川弘文館　一九八四)
『和泉古典叢書　枕草子』増田繁夫、和泉書院、一九八七
「大和国三輪の玄賓僧都伝説」(『立命館文学　第六三〇号』原田信之、二〇一三)
『大神神社〈改訂新版〉』中山和敬、学生社、一九九九
『山の辺の道』朝日新聞奈良支局編、創元社、一九七二
『奈良県史』池田末則、名著出版、一九八五
「山辺ノ道」名義考」(『大美和』75　池田末則、一九八八)
『奈良県の地名』池田末則・横田健一編、平凡社、一九八一
「山の辺の道」(『奈良文化論叢』乾健治、堀井先生停年退官記念会、一九六七)
『山の邊の道』大宮守誠・三岡亮、近畿観光会、一九四一
「山ノ辺ノ道の古代住居跡と古墳」(『奈良文化論叢』小島俊次、堀井先生停年退官記念会　一九六七)

「近代における奈良「山の辺の道」の形成と風景イメージの展開」（『景観・デザイン研究講演集』6　繁田いづみ・山口敬太・久保田善明・川崎雅史、二〇一〇）
『風景の考古学』千田稔、地人書房、一九九六
「観光・厚生・旅行―ファシズム期のツーリズム」（『文化とファシズム：戦時期日本における文化の光芒』高岡裕之、赤澤史朗・北河賢三編、日本経済評論社、一九九三）
『奈良市歴史資料調査報告書』23　奈良市教育委員会編、奈良市教育委員会、二〇〇七
「一九三〇年代に発見される楠木的なるもの」（『人文論叢』26　森正人、二〇〇九）
「一　山の辺の道の歴史的意義」（『古代を考える　山辺の道』和田萃、吉川弘文館、一九九九）
「一　山の辺の道をめぐって」（『三輪山の古代史』和田萃、学生社　二〇〇三）
『大和名所図会』秋里籬島、歴史図書社、一九七一
『野見宿禰と大和出雲―日本相撲史の源流を探る』池田雅雄、彩流社、二〇〇六
『奈良の伝説』岩井宏実・花岡大学、角川書店、一九七六
「第二章　伝説」（『奈良県史』13　岩井宏実・野掘正雄、名著出版、一九八八）
『香芝町史』乾健治　a「伝説」香芝町役場、一九七六
『当麻町史』乾健治　b「伝説」当麻町教育委員会、一九七六
『葛城の行事と暮らし』葛城市民話編集委員会編　a、葛城市立図書館、二〇〇八
『葛城のむかしばなし』葛城市民話編集委員会編　b、葛城市立図書館、二〇〇八
『桜井市史』上　桜井市史編纂委員会編、桜井市役所、一九七九
「かた屋敷」高田十郎編（『大和の伝説』萩原愛孝、大和史蹟研究会、一九三三）
『相撲今むかし』和歌森太郎、河出書房新社、一九六三
『大和の伝説（増補版）』奈良県童話連盟修　高田十郎編　編集　仲川明　山田熊夫　森川辰蔵　乾健治、大和史蹟研究会　一九六〇
『日本庶民生活史料集成　神社縁起』第二十六巻、編集委員　谷川健一、三一書房、一九八三
『大和の野神行事（下）　奈良県文化財調査報告　第49集』文化財保存課　奈良市登大路町　奈良県教育委員会、一九八六
『奈良県史』第十三巻　民俗（下）―続・大和の伝承文化―　岩井宏實・鏡味明克編、奈良県史編集委員会　名著出版、一九八八

『奈良県史』第五巻　池田源太・宮坂敏和編、神社奈良県史編集委員会　名著出版、一九八九
『今井町近世文書』森本育寛、堀内啓男編、豊住書店、一九七八
『大和志料』下　斎藤美澄、奈良県編、歴史図書社、一九七〇
『多聞院日記』一巻～五巻（『続史料大成』三八～四二）臨川書店、一九七八
『今井町史』今井町史編纂委員会編、今井町編纂委員会、一九五七
『大和武士』（『奈良県史』十一巻）朝倉弘、名著出版、一九九三
「〈資料〉奈良県橿原市・耳成の民話（下）」（『昔話研究と資料26　昔話における時間』比較民話研究会、三弥井書店　一九九八）
『日本俗信辞典』鈴木棠三、角川書店、一九八二
「お伽草子学の可能性」（『お伽草子　百花繚乱』徳田和夫、笠間書院、二〇〇八）
「狐飛脚の話」（『定本柳田國男集』第二十二巻、柳田國男、筑摩書房、一九六二）
『橿原市史』改訂橿原市史編纂委員会、一九八九
『図説俳句大歳時記　冬』角川書店、一九六五
『奈良平野における農業水利の展開』農林省京都農地事務局、一九六〇
『川西町史本文編』川西町史編集委員会、二〇〇四
『新日本古典文学大系近世歌文集　下』鈴木淳他校注、岩波書店、一九九七
『能楽源流考』能勢朝次、岩波書店、一九三八
『角川日本地名大辞典　奈良県』角川書店、一九九〇
『大三輪町史』版権桜井市役所　臨川書店、一九五九・五　初版発行、一九八八　復刻版発行
『三輪素麺悠久の歩み』奈良県三輪素麺工業協同組合編、一九八五・五

あとがき

三弥井書店から、『大和の歴史と伝説を訪ねて』の企画の依頼を受けて六〜七年たった。はじめに項目をたて、畏友に原稿の趣旨を説明し、執筆を依頼した。地域の様々な伝承を、それぞれ執筆者の専門的な角度から分析し、紹介して戴くのが、本書の手法である。奈良県の中南部は、古い時代の都であり、旧村は環濠集落である。現地調査に車で入ると行き止まり、出口に苦労することもある。道に迷うこともある。よい写真をとるのに苦労があった。また、執筆者相互の協力も欠かせなかった。

読者諸氏にとっては、この出来上がりにご不満かもしれないが、この本は、一般書の体裁をとった専門書という趣旨で執筆戴いたものである。これからの専門的な研究は、広く社会一般に還元することが求められるが、それとともに、本書が、読者の皆様の旅の友となることを期待するものである。

最後に、編集会議で廣田收氏に原稿の点検、下川新氏にはパソコンによる原稿整理、丸山久容氏には地図の作成をお願いした。本書の完成には、情報収集や写真撮影など、各方面の方々にご援助いただいた。ここに感謝の気持ちを捧げたい。

平成二十七年十二月　編者

執筆者紹介　☆は編者

丸山顕徳（まるやま　あきのり）☆
1946年生まれ。花園大学教授。『日本霊異記説話の研究』（桜楓社、1992）、『沖縄民間説話の研究』（勉誠出版、1993）、『古代文学と琉球説話』（三弥井書店、2005）、『世界神話伝説大事典』（勉誠出版、2016、篠田・丸山編）他。

青江智洋（あおえ　ともひろ）
1980年生まれ。日本民俗学会会員。

『奈良県の民俗芸能』（奈良県教育委員会、2014）、「ひと節のわざを伝える技術―上小波田の竹製火縄を例証として―」（『京都民俗』第33号　2015）。

青嶋香織（あおしま　かおり）
1988年生まれ。

泉　武（いずみ　たけし）
1951年生まれ。高松塚壁画館学芸員、奈良県立橿原考古学研究所共同研究員。

『沖縄学事始め』（同成社、2011）、『シマに生きる・沖縄の民俗社会と世界観』（同成社、2012）。

岩倉哲夫（いわくら　てつお）
1949年生まれ。元和歌山県立高校教諭。橋本市文化財保護審議会委員。

『和歌山県地名大辞典』（共著：角川書店、1985）、「高野政所一族の形成と動向」（『紀州史研究５』国書刊行会、1990）。

上島秀友（うえじま　ひでとも）
1954年生まれ。日本ペンクラブ会員。奈良県広域消防組合運営企画室長。

『天の二上と太子の水辺』（学生社、2011）、『片岡の歴史』（ＦＭ西大和、2012）、『小説大津皇子――二上山《ふたかみやま》を弟《いろせ》と』（青垣出版／星雲社、2013）。

軽澤照文（かるさわ　てるふみ）
1961年生まれ。奈良市立東登美ヶ丘小学校教諭。

『昔話が育てる子どもの心』（文芸社、1999）、「不動信仰と童子神」（『アジア遊学』勉誠出版、2005）他。

菊池政和（きくち　まさかず）
1960年生まれ。花園大学非常勤講師。

『近世略縁起論考』（共編著：和泉書院、2007）。

久留島元（くるしま　はじめ）
1985年生まれ。同志社大学・同志社女子大学嘱託講師。

共著『江戸怪談を読む　皿屋敷幽霊お菊と皿と井戸』（白澤社、2015）、「メディアとしての能と怪異」（『怪異を媒介するもの』勉誠出版、2015）。

佐々木聖佳（ささきみか）
1962年生まれ。甲南大学・大阪大谷大学非常勤講師。

『伊賀のかんこ踊り総合調査報告書』（共著 伊賀市伝統文化活性化事業実行委員会 2013年）、「常楽我浄の風吹く湖―『梁塵秘抄』二五三歌をめぐって―」（『日本歌謡研究』54号、2014.12）、「春日田楽詞章考」（『日本歌謡研究』51号、2011.12）。

下川新（しもかわ　しん）
1974年生まれ。八日市南高等学校講師
「伝承世界のカツラ」（『説話・伝承学』第14号　2006. 3）、「世界樹ユツカツラと聖なる井泉」（『古事記　環太平洋の日本神話』勉誠出版、2012. 10）、「神々の首―伝承世界の首切りについて」（『日

本古典文学の方法』新典社　2015.1）。

鈴鹿千代乃（すずか　ちよの）
1945年生まれ。神戸女子大学教授。
『神道民俗芸能の源流』（図書刊行会、1988）他。

角南聡一郎（すなみ　そういちろう）
1969年生まれ。（財）元興寺文化研究所主任研究員。
「竹の基礎文化と竹製縁起物―台湾の縁起物と日本・中国との関係を巡って―」（『東アジア世界における自然の模倣（「造物―つくるもの―」に関する研究報告書』（財）元興寺文化財研究所、2006）他。

椿井里子（つばい　さとこ）
1961年生まれ。花園大学非常勤講師。
「坪内逍遥と史劇」（上田博・瀧本和成編『明治文芸巻Ⅱ』嵯峨野書院2002.12）。

西川学（にしかわ　まなぶ）
1967年生まれ。大阪府立布施高等学校教論。
『風流踊の展開』（関西外国語大学　2008）、「景清と東大寺の手貝門」（『奈良伝説探訪』三弥井書店、2010）。

橋本章彦（はしもの　あきひこ）
1955年生まれ。京都精華大学非常勤講師。
『毘沙門天―日本的展開の諸相』（岩田書院　2008）、「新しい縁起研究に向けて」（『寺社縁起の文化学』森和社、2005）。

原田信之（はらだ　のぶゆき）
1959年生まれ。新見公立大学教授。
「岡山県新見市の後醍醐天皇伝説と地名」（『新見公立大学紀要』22、2001.12）、『今昔物語集南都成立と唯識学』（勉誠出版、2005）。

廣田收（ひろた　おさむ）
1949年生まれ。同志社大学教授。
『『宇治拾遺物語』表現の研究』（笠間書院、2003）、『『源氏物語』系譜と構造』（笠間書院、2007）。

藤井稔（ふじい　みのる）
1958年生まれ。天理高校第二部教諭。
『石上神宮の七支刀と菅政友』（吉川弘文館　2005）、「明治維新と石上神宮の変容」（『山辺の歴史と文化』奈良新聞社　2006）、「大神神社に本殿はあったのか」（『歴史読本』2010年４月号、新人物往来社　2010）他。

藤原享和（ふじわら　たかかず）
1959年生まれ。立命館大学教授。
『古代宮廷儀礼と歌謡』（おうふう、2007）、「仁徳天皇と吉備の黒日売の歌」（『古事記の新研究』学生社、2006）。

師茂樹（もろ　しげき）
1972年生まれ。花園大学文学部准教授。
「五姓各別説と観音の夢―『日本霊異記』下巻第三十八縁の読解の試み」（『佛教史学研究』第50巻第２号　2008）、『情報歴史学入門』（後藤真・田中正流　金嘉堂出版　2009）。

匝瑤葵
1982年生まれ。日本国語国学研究所研究員『祓の神事　神話・理念・祭祀』（三弥井書店、2015）

大和の歴史と伝説を訪ねて

平成28年２月29日　初版発行

定価はカバーに表示してあります。

編　者　　丸山顕徳

発行者　　吉田栄治

発行所　　株式会社　三弥井書店

〒108－0073東京都港区三田3－2－39

電話03－3452－8069

振替00190－8－21125

ISBN978-4-8382-3296-3 C0021　　整版・印刷　ぷりんてぃあ第二・エーヴィスシステムズ

奈良伝説探訪

ISBN978-4-8382-3190-4

丸山顕徳編　A5判.カバー装・206頁　価格：2300円＋税

古都奈良に伝わる寺社、名所、高僧などをめぐる選りすぐりの伝説を、多くの写真と図版、地図を使って解説。奈良の寺社参詣と、歴史、伝説を探訪するためのガイドブック。各解説の後に「伝説地情報」として伝説地の年中行事、拝観料、所在地とアクセスするための交通手段を掲載。

2010/4 発行

Ⅰ　ならまち界隈を歩く

道場法師の鬼退治／聖宝と餅飯殿／采女と猿沢池／御霊神社と道祖神／中将姫誕生の寺／饅頭の神様・林神社／吉備塚と奈良教育大学の七不思議／玄昉と頭塔

Ⅱ　奈良の東を歩く

聖武天皇と東大寺／行基と勧進／良弁伝説の東西／三月堂と蜂の宮／東大寺戒壇院と空海／景清と東大寺の手貝門／春日の六道／護良親王と般若寺／十三鐘の石子詰め

Ⅲ　奈良の西を歩く

光明皇后と法華寺の十一面観音／佐岡神社と佐保姫／西大寺の叡尊／松永弾正久秀／菅原道真と菅原神社／唐招提寺と覚盛上人／歴史の彼方の押熊

Ⅳ　奈良の郊外を歩く

実忠と笠置寺／龍の伝説—猿沢池と室生—／神野山・天狗さんの石合戦／大柳生の太鼓踊り／龍腹寺伝説地帯／西九条の蛇塚の由来／帯解寺と染殿皇后／霊山寺の祖小野富人／中宮寺の天寿国曼荼羅繡帳　184

Ⅴ　奈良から歩く伝説と信仰の旅

後醍醐天皇の伝説を歩く／大和の富士講を歩く

Ⅵ　付録

引用文献の一覧（項目別に作成）／語句索引／編者・執筆者紹